◀ 教育部人文社会科学研究项目“我国义务教育学校教师绩效工资政策实施的现状、问题与对策研究”（编号：10YJA880190）成果
◀ 上海财经大学公共管理学科博士点建设项目资助
◀ 公共政策与治理智库系列丛书

规制与认同

义务教育学校教师绩效工资政策实施的现状与效果研究

赵宏斌 著

GUIZHI YU RENTONG
YIWU JIAOYU XUEXIAO JIAOSHI JIXIAO GONGZI
ZHENGCE SHISHI DE XIANZHUANG YU XIAOGUO YANJIU

镇　江

图书在版编目(CIP)数据

规制与认同 ：义务教育学校教师绩效工资政策实施的现状与效果研究 / 赵宏斌著. — 镇江 ：江苏大学出版社，2015.9

ISBN 978-7-5684-0066-4

Ⅰ. ①规… Ⅱ. ①赵… Ⅲ. ①义务教育—教师—工资—劳动政策—研究—中国 Ⅳ. ①G635.15

中国版本图书馆 CIP 数据核字(2015)第 215016 号

规制与认同：义务教育学校教师绩效工资政策实施的现状与效果研究

著　　者/赵宏斌
责任编辑/李经晶
出版发行/江苏大学出版社
地　　址/江苏省镇江市梦溪园巷 30 号(邮编：212003)
电　　话/0511-84446464(传真)
网　　址/http://press.ujs.edu.cn
排　　版/镇江华翔票证印务有限公司
印　　刷/江苏凤凰数码印务有限公司
经　　销/江苏省新华书店
开　　本/890 mm×1 240mm　1/32
印　　张/6.25
字　　数/171 千字
版　　次/2015 年 9 月第 1 版　2015 年 9 月第 1 次印刷
书　　号/ISBN 978-7-5684-0066-4
定　　价/28.00 元

如有印装质量问题请与本社营销部联系(电话：0511-84440882)

目录

CONTENTS

绪　论 / 001

1 第一章　教师绩效管理与绩效工资概述 / 006

第一节　教师绩效的概念与内涵 / 006
第二节　教师绩效管理的理解 / 014
第三节　教师绩效评价的实现形式 / 035
第四节　教师绩效工资的概念与内涵 / 049

2 第二章　教师工资政策变迁与绩效工资政策分析 / 057

第一节　教师工资政策变迁的历程 / 057
第二节　我国义务教育阶段教师绩效工资政策探析 / 065

3 第三章　义务教育学校教师绩效工资政策实施现状 / 075

第一节　义务教育学校教师绩效工资政策实施背景 / 075
第二节　义务教育学校教师绩效工资政策实施现状 / 077
第三节　绩效工资制度问题存在的原因 / 098

4 第四章　义务教育教师绩效工资政策实施情况实证分析 / 104

第一节　教师绩效工资实施情况调查概述 / 104

第二节　教师绩效工资制度及实施情况的调查统计分析 / 107
第三节　教师绩效工资实施效果的计量分析 / 125
第四节　研究结论 / 141

5 **第五章　教师绩效工资制度国际经验** / 144

第一节　美国义务教育教师绩效工资制度 / 144
第二节　英国义务教育教师绩效工资制度 / 158
第三节　澳大利亚义务教育教师绩效工资制度 / 169
第四节　印度义务教育教师绩效工资制度 / 177

6 **第六章　探索义务教育教师绩效工资保障机制** / 181

第一节　树立正确的教师绩效观 / 181
第二节　完善绩效考核和工资分配制度 / 183
第三节　构建多维的绩效工资保障机制 / 185

参考文献 / 188

后　记 / 195

绪　论

2008年底，国务院常务会议通过了《关于义务教育学校实施绩效工资的指导意见》，并于2009年1月在全国义务教育学校正式实施，拉开了我国事业单位实施绩效工资制度的序幕。就教师这一职业而言，绩效工资政策是否可行？绩效工资制度是否科学、合理？能否在实际中发挥有效的作用？如果回答是肯定的，又将如何落实？本着对这些问题的研究兴趣，笔者申请了教育部人文社科课题"我国义务教育学校教师绩效工资政策实施的现状、问题与对策研究"，在此基础上形成了目前的研究成果。

教师绩效是教师在教育教学过程中所表现出来的与教学目标相一致的行为，教师绩效包括任务绩效、关系绩效和适应性绩效三大部分。教师的绩效需要通过一系列的外部干预活动才能充分实现，称之为绩效管理。绩效管理由4个环节构成，就是我们常说的PDCA过程。绩效管理离不开目标管理，目标管理也有3个阶段，即目标设置、过程管理、结果测评与绩效管理的4个环节基本是对应的。教师的绩效目标管理是绩效管理与目标管理嫁接的产物，目的是改进组织绩效，提高教师的工作效能，实现组织目标。绩效沟通是绩效目标管理的润滑剂，而心理契约则是另一种影响绩效的非正式的内隐之约，了解、感知和维护好教师的心理契约，能提高教师的责任感和效能，激励和促进教师职业生涯的发展。

绩效目标管理离不开绩效考核和评价，绩效评价集多重目的于一身，如促进教师和学生发展、人才选拔、制定教师工资体系等，但无论如何，绩效评价仅是一种管理手段，不能盲目夸大其作用。

教师绩效评价是一项内涵丰富、范围广泛的评价形式，评价主体也是多元化的。尽管人们对教师绩效考核提出若干原则和要求，尽量完善教师绩效评价工作，但绩效评价本身就是一把双刃剑，不小心就会伤害到组织和个人，效果适得其反。绩效考核结果与工资发放相结合的分配方式，其意义和必要性自不待言，单就绩效工资制度本身而言，还具有一定的争议性和潜在的风险性。因此，如何把握好教师绩效考核的范围和程度至关重要。

2009年中国实行的绩效工资政策，明确了绩效考核的内容，改变了过去单一地以升学率考核教师的现状，要求绩效工资向一线教师、骨干教师倾斜，坚持公平与效率相结合、注重教师专业发展，坚持以人为本、尊重教师的主体地位。但是，绩效工资制度是按绩效分配工资的制度，是以货币衡量教师工作成果的分配模式，在实施过程中往往会带来一些负面影响。第一，教师的工作绩效包含数量和质量两个维度，质量就是教师的工作品质，难以用数字来量化，如果一味地追求数字化的绩效成果，教师会将工作品质置之度外，产生轻质量、重数量的现象；第二，绩效工资容易将教育的目的演化成教师获得货币的手段，把货币演化成教师工作的目的，可能导致教育目的与教育手段的颠倒；第三，实行多劳多得的绩效激励制度的前提是“教师是利己的”，对于利己的人，当其职责被货币标价，会削弱教师职业中的“纯粹利他行为”，与教师的职业属性相违背。

自2009年实施义务教育教师绩效工资政策以来已有5个多年头，通过这几年的宣传和推进，一些教育管理部门、学校、教师对教师绩效概念的认识经历了从一无所知到基本领会和深刻了解的转变；绩效的概念走进教师的脑海，始终提醒教师从绩效的角度来规范教育教学行为，提高教育质量和效率；在绩效工资制度的引导下，教师工资总体呈增长态势，县域范围教师工资总体趋于均衡。从形式上看，教师的绩效工资与教师的工作业绩挂钩，建立了以绩效结果为依据的绩效工资制度，为教师绩效管理提供了政策依据和制度规范；从内容上看，教师绩效有了具体的内容和衡量标准，教师的工作量、工作质量和工作效果都被纳入绩效考核体系中，形成了评价系统。但在实际操作中，教师绩效工资制度还存在诸多不足。部分区域绩效考核和工资分配方案流于形式；教师对绩效工资政策的感受度一般，对绩效考核和工资分配结果的满意度不高。教师绩效管理的初衷和目标是清晰和美好的，但在实践中遇到了一些挫折。

本书从义务教育教师绩效工资政策实施的现状出发，在上海市开展了小范围的实证研究，对部分区县的教师和管理人员进行了调查和访谈，采集到 300 多份问卷，并进行了统计和计量分析。对当前教师绩效工资政策实施过程中存在的制度和机制方面的问题进行了分析，得出以下结论：第一，在这些年的持久推进和不断改进中，超过半数的教师对绩效工资制度具有较高的认可度；35 岁以上年纪较大的教师，则认为没有必要实施绩效工资政策，而且随着教师年龄的增大，对绩效工资政策的认可度也随之降低；一线教师相对学校中层领导而言更多地认为没有必要实施绩效工资。第二，在绩效工资政策执行方面，有两点值得注意，一是 71% 的教师认为绩效考核有明确的考核标准，二是只有 32.83% 的教师认为存在用学生的成绩代替教师绩效的现象。但政策执行的规范性、可操作性、公平性、激励性、绩效区分度等方面获得认可的比例最高不超过 30%，男性教师对绩效工资执行过程的认可度明显高于女性教师。第三，在绩效工资执行的公平性方面，64.78% 的教师认为绩效工资政策向中层干部和教辅人员倾斜，在一定程度上影响了一线教师对绩效工资政策必要性的认可度。在绩效工资资金分配方式上，采用总额包干的方式会严重挫伤教师的工作积极性，而且还会造成教师缺乏团队精神，影响教师队伍的和谐。第四，绩效考核是绩效工资制度的重点和难点，77% 的教师认为绩效

考核制度不能有效评定教师的表现，绩效考核流于形式，绩效工资制度在绩效考核方面未能有效地得到落实。第五，关于绩效工资制度与教师个人发展方面，61.33%的教师认为绩效工资制度没有关注到教师的个人发展，造成教师对绩效工资制度效果的认可度不高。79.15%的教师认为教师工资与其他行业相比不公平，行业内部也存在同工不同酬的现象。

纵观世界各国，美国作为西方发达国家的代表，其教师绩效工资制度已有近百年的施行历史，积累了丰富的经验。美国绩效工资制度建立在增值评估的基础上，将教师的绩效与学生的进步程度相联系，体现教师服务的增值性；并将绩效评估与改进同步进行，及时发现问题改进方案，不要求一步到位。政府没有权力强迫任何一所学校必须采用何种绩效管理制度，学校可以根据自身发展的需要，自主选择开展绩效管理的形式，自主决定是否响应州政府提出的改革主张。美国教师绩效工资改革激励了中小学教师工作的积极性，帮助教师开拓了职业发展道路，使学生受益，也缩小了部分州之间的教育差距，促进了教育公平。不过美国的绩效工资改革也受到较多的质疑，比如对一部分未受到激励的员工打击较大，员工的团队精神受到伤害，嫉妒的员工比例、不愿意与同事合作的员工比例都明显上升，越来越多的教师只关注自己的学科，很少人再去思考教育的真谛。甚至有些学区出现了教师与学校难以协调的现象，一些优秀的教师流失，金钱不再是一种激励反而变成一种伤害。英国也是世界上最早实施教育系统绩效工资制度的国家之一，20世纪80年代开始英国相继出台了一系列的改革措施，中间由于制度本身的弊端和教师的强烈反对改革曾一度受阻。2000年以后，教育与就业部颁布了《中小学表现管理》和《学校教师工资和条件》等文件，标志着义务教育教师绩效工资制度正式开始实施。文件对教师绩效工资管理的方式和要求都有详细的描述，具有较强的操作性，便于学校落实。《学校教师工资和条件》

每年审议修订后公布,具有一定的法律效应,对教师绩效工资的实施具有法律保障。但绩效工资制度在促进学校和教师之间的竞争方面的表现还不尽如人意;绩效评价指标体系还不健全,对教师的业绩水平评价的公正性、科学性不够,教师还不满意。澳大利亚的教师绩效工资改革也是始于20世纪80年代,英美国家的教师绩效工资政策影响了澳大利亚的教育体系和教师职业发展,教育标准本位制成为其教师绩效管理的核心。2008年推行的"专业工资计划",提议以"教师专业国家标准"为基础,以教师的教学技能、知识和实践评估成绩为依据来确定教师的薪酬与收入。为了确保绩效工资方案的实施,澳大利亚政府决定将教育财政拨款与地区是否实行绩效工资制度直接挂钩。和其他国家一样,澳大利亚的教师绩效工资改革也不是一帆风顺的,但今天大多数老师支持将工资与教师绩效挂钩的做法。印度作为发展中国家,义务教育规模与我国相似,但其教育水平低,教育质量差,教师缺勤率高,教育服务效率低。教师绩效工资制度的出台显得必要且及时,其激励教师投入到教学中,以提高工作绩效。通过实验和调查发现,80%的教师赞成绩效工资制度,75%的教师表示他们的积极性是由绩效工资方案来决定的,70%的教师赞成将全部工资的一部分拿出来与绩效挂钩。调查数据支持"将学生的成绩与教师的工资挂钩",这与美国的数据反差很大,把客观的标准与绩效工资结合起来会受到教师的普遍欢迎。

综上所述,我国需要从制度和机制上进一步完善义务教育教师绩效工资政策,提高制度设计和实施的有效性:需要引导教师树立正确的绩效观,以正确的心态对待绩效工资的激励作用,充分理解绩效工资政策的价值和意义;要逐步完善教师绩效考核体系,优化考核方法;构建多维的绩效工资政策实施的保障机制,从激励、信任、反馈和监督等多个方面加以强化。

第一章　教师绩效管理与绩效工资概述

第一节　教师绩效的概念与内涵

一、绩效

“绩效”一词对应于英文 performance，指“业绩”“成效”“效用”“效益”等。“业绩”一般被理解为工作成绩和结果，是直观的，既可表现为工作前后的状况变化，也可以表现为与别人比较的结果；“效用”是指结果的有用性；“效益”则表现为投入产出的货币表现，分为直接效益和间接效益。管理心理学中，对“绩效”一词的理解有两种观点①：一种是伯纳丁（Bernardin）和贝蒂（Beatty）基于结果的视角对绩效下的定义，他们认为绩效是员工在给定的时间内，在特定的工作上所生产出的目标结果，包括产出的数量和质量两方面规定的产品或服务。另一种是墨菲（Merphy）基于行为的视角对绩效下的定义，他认为绩效是一套个人在组织或小组完成某种任务、达到某个目标的行为，通常有功能性或效能性的表现。

不同的学科对绩效的理解也有差异。从人力资源管理的角度看，绩效是指一个组织或个人在指定的时间范围内投入产出的情

① 王大磊：《美国教师绩效工资制度及其对我国师资队伍建设的启示》，《外国中小学教育》，2009 年第 4 期。

况，即投入一定量的人力、物力、时间等资源所带来的工作任务的完成情况，包括完成的数量、质量及效果方面的内容；从社会学的角度看，绩效是个体在社会分工基础上对自我角色所承担的社会责任的履行；从组织行为学的角度看，绩效是组织为实现其组织目标而建立的对员工的期望，也是员工在组织的薪酬机制作用下，对组织承诺的实现。

学术界对以任务完成或目标达到等结果为绩效的观点颇有微词，普遍认可以行为为基础的绩效观点。例如 Campbell，McCloy，Oppler 和 Sager（1993）①将绩效定义为：员工自己控制的与组织目标相关的行为。他们认为绩效是行为并且是员工自己能够控制的。笔者认为，由于个体的行为过程与结果是密不可分的，不能把绩效的行为性和结果性孤立对待，二者应有机结合。因此，从这个意义上讲，所谓绩效就是事物运作过程中所表现出的状态或结果，包含质和量两个方面的内容。从性质上，其包括量化和不可量化的部分，可以通过定性和定量两种方式进行描述；从时间上，有即期绩效和远期绩效；从形态上，有有形绩效和无形绩效；从构成上，有组织绩效和个人绩效。绩效最终是通过客观的考核和主观的评估等评价方式反映出来的。

许多研究者通过实际的个人业绩评估探讨绩效的构成因素。不同研究者给出的结论不尽相同，如 Katz H 和 Kahn（1978），Organ（1988），Campell（1990）等，但他们都形成了共同的观点，即在促进组织目标实现的绩效行为中存在两种不同的方式，一种是组织规定的行为方式，另一种是个体自发的行为方式②。这两种行为方式对应的绩效分别被称为任务绩效和关系绩效。其中，任务绩效是员工工作本身所要求的行为方式，而关系绩效是员工有一定自

① 转引自：蔡永红，林崇德：《绩效评估研究的现状及其反思》，《北京师范大学学报（人文社会科学版）》，2001 年第 4 期。

② 同①。

主选择权的行为方式，这两种绩效行为形成了绩效研究的两个基本范畴。

二、教师绩效

教师绩效的内涵，具有代表性的是由蔡永红、林崇德（2005）等人提出的教师素质结构理论，其将教师绩效定义为教师在教育教学过程中所表现出的与教育教学目标相一致的行为，包括任务绩效和关系绩效两个方面。这与国际上多数学者的观点基本一致。后来有学者认为这一理论还不够全面，又增加了适应性绩效的观点。现分述如下。

（一）任务绩效

任务绩效顾名思义是指任务完成的情况，即职务或岗位说明书中所规定的绩效内容，是构成教师绩效的重要内容，也是常规绩效评估的核心内容。教师的任务绩效是指教师在教育教学工作中的行为表现及其结果。具体地讲，任务绩效就是教师在一定的时间和条件下完成教育教学任务的工作表现和所取得的工作业绩、工作效果，如教师在本职工作内完成的教学工作量、学生的考试成绩等。任务绩效是基于结果的任务绩效，又称作业绩效。

教师任务绩效的达成不仅体现在绩效结果中，也体现在完成任务绩效过程中教师的行为上。教师与学生在教育教学活动中发生联系，教师的知识、经验、能力、职业理想及教育观念在教育教学活动中通过具体的行为展现出来，并影响学生的发展。所以，教师的绩效行为是决定教师工作质量的核心要素。

教师的行为与企业员工不一样，教师的责任不仅是传道、授业、解惑，教师对学生的影响是多层次和多维度的，教师自身的素质也影响教师对教育教学任务完成的质量和效果，这种影响往往是内隐的和潜移默化的，难以表现和衡量。研究表明，教师的工作努力程度与绩效结果之间也并非是直接的线性关系。首先，教师

的努力要转化为学生的成绩表现出来，而学生成绩并非教师自身的努力水平和个人素质所能决定，学生的素质和努力水平直接影响教师的绩效。倘若学生的努力程度不够、学习习惯差，教师无论多么努力也难以获得高绩效。其次，学生的学业成绩还与学生的家庭背景、经济环境等因素有关，并非教师个人努力就可以提高。所以，用学生的成绩来反映教师的绩效，可称之为间接绩效或外因绩效。

另外，教师行业的特殊性决定了教师产出与结果的多因素性和多目标性，对教师任务绩效的测量标准的设计难以全面和合理，难以获得大多数教师的一致认同。科恩等人认为教师的绩效（指任务绩效）是一个复杂的领域，对教师的产出和成果至今没有一个可靠、有效和公平的方式进行衡量。教师是一个专业，教师的教学不仅是传授知识，更在于育人，在于影响人的思想和行为，而不是一种知识的交易，而这很难获得客观精确的测量结果。与绩效工资相联系的教师任务绩效测量，是对教师作为“经济人”假设前提下测量的结果，忽视或忽略了教师职业和教学过程的特质，导致教师绩效政策在执行过程中的种种分歧和低效。

（二）关系绩效（周边绩效）

长期以来，人们将人员的绩效仅仅局限在个人的职务或岗位所规定的职责范围之内，但是教师绩效的构成除了这些直接的相关要素外，还有许多外部和间接的要素也不可忽视。Motowidlo 和 Borman 在 1993 年提出了关系绩效（Contextual Performance）的概念。他们认为绩效可分为两个方面，一个方面被称之为任务绩效；另一方面被定义为关系绩效，又称之为周边绩效或情境绩效。关系绩效是指一组在社会和动机关系中完成本职工作的人际和意志行为，反映与工作绩效相关的教师的品质特征，即在完成工作的过程中教师是否规范自己的行为，是否表现出良好的素养等。关系绩效的内涵十分宽泛，一般分为人际促进和意志动机两个核心要

素,如保持良好的工作关系、坦然面对困难和逆境、主动加班完成工作等。关系绩效一般与特定的工作职责无关,但对组织的整体绩效起促进作用。对关系绩效的考评通常采用行为性的描述,Motowidlo 通过研究曾确定了 5 类相关的关系绩效行为:① 主动执行不属于本职工作的任务;② 在工作时表现出超常的工作热情;③ 工作时帮助别人,并与别人合作工作;④ 严格执行组织的规章制度;⑤ 履行、支持和维护组织目标。

关系绩效与任务绩效存在必然的联系。任务绩效是与组织的核心技术有着直接关系的一系列行为的结果,它通过对技术过程的执行,或者通过对技术的维护和服务来实现。而关系绩效不直接涉及技术活动的执行,但能为技术活动的执行提供广泛的社会关系、心理环境和组织协同的外部支持①。一般认为,关系绩效建立在组织公民行为(Organization Citizenship Behavior,简称 OCB)、亲组织行为(Prosocial Organization Behavior,简称 POB)等概念的基础上,实质就是要最大限度地提高员工对组织的满意度和忠诚度,充分调动员工的主动性、积极性和创造性,将员工的潜能最大限度地开发和释放出来。只有当员工的积极性和主动性被调动起来、潜能被挖掘出来,才能提高任务绩效完成的效率和质量,能保障任务绩效的及时达成。

教师的关系绩效对组织绩效的放大作用主要表现在以下两方面:

(1) 人际关系型关系绩效,如主动帮助同事完成工作,主动配合相关人员完成工作任务;对学生的学业发展不单纯强调自己所教学科的重要性,倡导学生的全面发展和各学科的共同进步;传递正面、积极的思想和信息;保持乐观向上的心态等。这些行为动机

① Scotter, J. R. V., Motowidlo, S. J. Interpersonal Facilitation and Job Dedication as Separate Facets of Contextual Performance. Journal of Applied Psychology, 1996.

表现为教师行为的正能量,是增进组织绩效不可或缺的要素。

(2)意志品质型关系绩效,如严格执行组织制度,从不违反学校的教育和教学管理制度,自觉遵守相关规定,在制度执行上起表率作用等。从大的方面说,其主要指不违背国家或地方政府的教育管理制度;从小的方面说,其主要包括不迟到早退,不随意缺课,言行举止得体等。

在当前的教师绩效研究中,对教师的绩效内容没有加以区分,评价的绩效内容结构混乱;对绩效本身的结构也缺乏探讨,只关注教师的任务绩效,而忽视了教师的工作积极性、主动性、合作精神等方面的关系绩效行为。蔡永红等学者通过编制“教师绩效评定量表”进行实证研究,结论认为教师的绩效结构包括“职业道德”“职业奉献”“助人合作”“教学效能”“教学价值”“师生互动”6 个维度。前 3 个属于关系绩效维度,后 3 个属于任务绩效维度。该结论为教师绩效结构的深入研究和全面理解提供了有益的视角。

(三)适应性绩效

在上述教师绩效构成的分析中,没有考虑由于教师绩效环境的变化对教师自身行为的影响。在各方面迅速发展的时代,教师为了适应动态变化的环境必须勇于承担各种压力和采用必要的应对方式,如化解工作压力、不断地充电学习、转换个体角色等。这些行为对教师发展和组织目标的实现是至关重要的,张敏博士将此概括为适应性绩效行为。他认为“适应性本身不是一个新概念,但是由于当今个体和组织所处环境的变化和多样化不断加剧,致使这种变化的、动态的环境和组织特征对个体的适应性提出了更高的要求。适应性绩效的概念也应运而生”①。

关于适应性问题, Hesketh 和 Neal(1999), London 和 Mone

① 张敏:《适应性绩效:教师绩效机构的新发展》,《高等工程教育研究》,2007 年第 2 期。

(1999)及 Murphy 和 Jackson(1999)都从不同的角度进行过论述。在前人研究的基础上,Pulakos 等人进行了系统的研究,提出了适应性绩效的 9 个维度:① 采取合适的措施处理紧急事件或危机情境;② 沉着和建设性地管理工作压力;③ 创造性地解决问题;④ 能有效处理不确定性的工作情境;⑤ 善于学习新的技术和技能;⑥ 能预测工作要求的变化并能为之做准备;⑦ 人际类型的适应性;⑧ 文化环境和价值观的适应性;⑨ 身体适应各种挑战性的环境[①②]。适应性是一个新的研究视点,为解释员工适应变化的环境提供了依据。

当今处在大变革时代,教师与学校组织都在经历生存和发展的挑战,教师的工作性质、任务要求都在不断地改变,对教师角色提出了更高的要求。比如今天教师的角色要求不仅是“传道、授业、解惑”,而是要成为教育活动的组织者、设计者和新知识的学习者;教师不仅要教会学生知识,还要教会学生如何学习知识;教师所授不再局限于课本上的知识,而是要有国际化的视野,能理解不同文化和不同价值观下的教育内容,要用新的教育理念、教育模式和教育内容影响学生。教师工作环境的变化对教师的适应性提出了新的要求,需要教师增加灵活性、应变能力才能适应竞争机制,才有发展的动力。教师的绩效结构中增加了对适应性绩效的考察,使得教师绩效更加全面。

适应性绩效作为一种新的绩效成分纳入到教师绩效结构中,是对教师绩效结构的补充和完善,但人们对适应性绩效的特点及其与任务绩效和关系绩效的关系还不是非常明晰,需要进一步研究。第一,目前的教师绩效结构中的任务绩效和关系绩效主要是

---

① 陶祁,王重鸣:《管理培训背景下适应性绩效的结构分析》,《心理科学》,2006 年第 3 期。

② Pulakos, E. D. et al. Adaptability in the workplace: Development of a taxonomy of adaptive performance. Journal of Applied Psychology, 2000.

从静态角度来划分的，更多反映的是教师过去的绩效和“外部绩效”的行为，对教师自身“内在的绩效”行为反映不够，对教师如何不断调整自身行为策略以适应不断变化的新环境缺乏体现。由于适应性绩效具有动态性和情境性的特点，故其可以回应发展变化的多元工作环境，更全面地反映处于动态变化中的教师的工作和行为特性。第二，对适应性绩效在绩效结构中作为第三种类型还存在争议。目前 Hesketh 和 Neal(1999)把适应性绩效看作绩效的一个独立结构，是与任务绩效和关系绩效并列的第三个维度；也有人认为适应性绩效仅是对任务绩效和关系绩效的补充；还有人认为适应性绩效是比任务绩效和关系绩效更宽泛的概念，它不仅对任务绩效和关系绩效都提出了适应性的要求，而且在任务绩效和关系绩效维度之外，对绩效概念有了新的发展，提出了更多的绩效内涵①。张敏博士认为：“教师适应性绩效是其适应工作情境的普遍性适应行为，教师在完成任务绩效和关系绩效的过程中都伴随着适应性绩效的完成。适应性绩效可能与任务绩效和关系绩效具有高度相关，并可能是教师专业发展的更好的预测指标。”②无论如何，适应性绩效在教师绩效结构中的地位，与任务绩效和关系绩效的联系，以及对教师发展的影响都是值得深入探讨的课题。第三，尽管 Pulakos 等人从 9 个方面概括了适应性绩效的维度，但他们的研究是对 20 多个不同岗位的资料分析得出的结论，具有高度的概括性，可以适应不同的岗位；但也可以认为存在跨岗位的一致性。值得怀疑的是，对于不同的岗位是否存在各自的特殊性，也就是说不同岗位是否存在属于自己岗位的适应性绩效呢？教师岗位的适应性绩效是否具有自己的特殊性，或者说应该具有几个维度，这些还需要进一步研究。

---

① 马可一：《适应性绩效》，《商业研究》，2003 年第 22 期。

② 张敏：《适应性绩效：教师绩效机构的新发展》，《高等工程教育研究》，2007 年第 2 期。

第二节 教师绩效管理的理解

一、绩效管理

绩效管理是一系列以员工为中心的干预活动。赵曙明教授认为:“绩效管理是为了更有效地实现组织目标,通过专门管理人员运用人力资源管理的相关知识、方法和技术,对组织员工进行绩效计划、绩效实施与沟通、绩效评估、绩效反馈与提高的持续循环过程。”①绩效管理旨在用有效的绩效管理系统代替原来单一的绩效考核,从制订绩效计划到考核结果的反馈,整个绩效管理过程都强调基于绩效目标的员工行为管理和实现组织的可持续发展。绩效管理概念最初源于人力资源管理,最早表现为绩效评估,是人力资源管理考评的工具,但系统的绩效管理突破了单一的考核评估目的。

绩效管理是一个完整的系统过程。它是按照一定的标准,采用科学的方法,对员工的品德、工作绩效、能力和态度进行综合检查和评定,以确定其工作业绩,并为员工的晋升、报酬、培训和职业生涯管理等提供科学依据的管理方法。员工的绩效管理是一个完整的、连续的 PDCA 过程,由 4 个环节组成。

(一)绩效计划(plan)

绩效计划是整个绩效管理过程的起点,绩效计划的制订一定是由主要管理人员与员工一起来完成的,主要对绩效计划期内应该完成哪些工作,完成到何种程度,每项工作的时间节点和需要的保障条件等进行逐一明确和落实。绩效计划阶段的任务,一方面是让计划实施者明确计划内容,另一方面也是让管理者与计划实

① 赵曙明:《绩效管理与评估》,高等教育出版社,2004 年,第 16 页。

施者共同确定后期的评估目标和目标水平，即“评价什么”“标准如何”的问题。目标及其水平的设置很关键，目标的可行性和挑战性是影响员工工作积极性的重要因素，在目标设定中要与员工充分沟通并达成一致，确保目标获得双方的认可。

（二）绩效实施（do）

在任务开展过程中，管理者要与员工保持持续的绩效沟通，并采用有效的管理方式对员工的行为进行监控且给予必要的指导，改进工作环境，提供必要的条件支持，提高工作效率，确保绩效目标的实现。绩效实施环节开展的效果很大程度上取决于绩效管理制度设计的合理性和管理方式的有效性。绩效管理制度是否具有激励效应，是否能调动员工工作的积极性，管理者的监控措施是否得当等因素都制约着绩效实施的效果。

（三）绩效评估（check）

绩效评估是绩效管理的核心环节。通过绩效评估对员工的行为和结果进行定量和定性评价，形成评价结论。绩效评估是一种价值判断，同时绩效评估也有多种目的，价值准则与评估目的之间的一致性是决定绩效评估合理性的关键。评估结论是否合理、是否正确反映了活动开展中存在的不足，关系到评估结论的应用和推广。在实际操作中，评价指标的设计、评价方法的选取和评价程序的安排直接影响评估质量。

（四）绩效改进（action）

管理者要对员工进行绩效反馈，通过面谈将评估结果有针对性地反馈给部门和员工，与部门和员工共同分析绩效评估中提出的不足，找到问题的原因，制定合理的改进措施。当然，也要肯定成绩，巩固成绩。绩效改进是在新一轮活动过程中进行的，绩效改进应落实到新一轮 PDCA 的各个环节，对于改进内容、改进措施要形成书面意见，员工对改进结果要形成报告，在改进完成后呈报给管理部门。管理者对改进结果与员工分享和共勉。

二、目标管理

绩效管理离不开目标管理。目标管理(MBO)是由美国管理大师彼得·德鲁克(Peter Drucker)于1954年在其名著《管理实践》中最先提出,并自20世纪80年代以来在国际上流行起来的一种科学的管理方法,被各国众多企业采用,且获得了较好的效果。德鲁克认为一个组织的目的和任务必须细化为目标,如果组织中的各级管理者没有方向一致的分目标来指导管理人员的工作,则组织规模越大、人员越多,发生冲突和浪费的可能性就越大。德鲁克的主张在企业界和管理领域产生了极大的影响,对推广目标管理起到了极大的推动作用。有专家指出,德鲁克提出目标管理的概念有哥白尼"日心说"般的效应,是一项对管理科学的革命性贡献。

目标管理是依据目标进行的管理,其核心是强调管理行为的结果,而不是对行为的监控;组织中的每个成员所做的贡献不尽相同,但都在朝着同一方向努力。目标管理的特点可以概括为4个方面:(1)管理目标是由组织中的各级管理者,直至员工共同协商,围绕总目标逐层分解而形成的细化目标,分解目标保证总目标的实现。(2)目标管理强调员工的"自我控制",德鲁克认为员工是愿意在工作中发挥聪明才智和创造性的,是愿意对工作过程和结果负责的,管理者所要控制的不是员工的行为本身,而是行为动机,目标管理能起到调整员工行为动机的作用。(3)目标管理有助于协调集权与分权的矛盾。集权与分权的矛盾是组织的基本矛盾。集权,怕管理太死;分权,怕失去控制而不敢大胆授权。实行目标管理,促使权力下放,则可做到责权统一,克服统得过死的僵化局面,给予下级组织一定的自主权。(4)对员工的评价注重结果考核。与目标管理相配套的是建立一套完整的目标考核体系,按照员工的实际贡献客观评价,克服传统评价中根据员工的表现

和态度所做的表现性评价。由于目标管理力求个人目标与组织目标相一致、相结合,增强了员工的成就感和满足感,对调动员工的积极性和增强组织的凝聚力有较好的作用。

目标管理的具体实施应包括3个阶段:

(1) 第一阶段为目标的设置,即由高层管理预定目标,可以是上级提出,同下级讨论,或者是下级提出,由上级批准。无论何种形式必须都共同商量,同时,要结合组织使命和发展战略做出规划目标,并设计具体的分解目标。目标的设计和架构应是“自上而下”与“自下而上”相结合的,最终形成一个层次分明、层级结构清晰的目标系统。这样每个层级和每位员工都能明确各自的绩效目标,层级目标和个人目标能有机地连接到一起。

(2) 第二阶段为实现目标过程的管理。管理者对目标实施过程的管理是不可或缺的,其应采用定期或不定期检查等方式了解目标实施过程中存在的各种困难和意外,与员工及时沟通和反馈检查结果,对员工在目标实施过程中遇到的困难给予及时帮助和解决,对由于不可抗因素造成目标实现存在较大不确定性的,应及时修改和调整目标。

(3) 第三阶段为测定与评价所取得的成果。“测定和评价”是对整个过程完成情况的总结和评估,可以采用自评估和他评估相结合的方式进行。首先由员工开展自我评价,提交评价报告,然后上一级开展评估,对目标完成情况进行分析和评价,并根据评价结果进行奖罚。奖罚不是目的,仅作为管理的手段来调动员工的积极性。除了奖罚之外,更重要的是管理者应与员工一起分析原因、总结经验教训,双方以相互信任的态度对工作的整体情况进行反思,并制订下一步行动计划。

当然,我们也应该清楚,任何一种管理方法都有其局限性,不是放之四海皆有效的灵丹妙药,目标管理也不例外,在实际操作中也会出现各种偏差。如有些工作是团队共同完成的,要把目标分解到一个个具体的人身上比较困难;有些工作受外部环境因素的影响,组织活动的不确定性较大,难以制定具体的数量化目标。目标被分解到个人后,每个人只关心自己目标的完成情况,很大程度上可能忽略团队其他相互协作人员或组织的目标完成情况,会滋长个人本位主义和急功近利思想,不利于团队整体目标的完成,甚至在效果上存在相互削弱和内耗的情况。另外,奖惩措施如果与目标完成的结果不能完全一致,公正性受到质疑,员工的积极性会受到伤害,对以后的工作将会产生很大的负面影响,可能会导致员工出现做表面工作、应付目标和发自内心的不情愿等情况,甚至消极怠工,从而削弱了目标管理的效果。因此,管理者要科学地分解目标,使目标具有可操作性,便于考核监控;同时要构建与目标管理相适应的组织文化,使员工认识到个人目标与组织目标的一致性,自身利益与组织利益的一致性,在工作中形成相互支持、共同进步的理念,自觉采取行动、自我控制,而不是被动地完成任务,努力做到用共同的价值观来统一和协调员工的行为。

三、教师的绩效目标管理

教师绩效管理是指根据教师工作的特殊性,把员工绩效管理与教师评价考核管理相融合而形成的具有教师管理特性的绩效管理方式,是绩效管理理论与教师评价管理理论嫁接的产物。教师绩效管理的目的是通过提高教师的绩效水平来提高学校或团队的绩效。学校和教育主管部门要提高教师的绩效水平就要在影响教师绩效的每个环节上进行科学化、规范化的管理。教师的绩效管理过程也是目标管理的过程。

(一) 教师绩效目标管理过程

学校作为一个整体组织,有若干个教研组、年级组、学科组等中层管理组织和教研团队,每个教研组、年级组都有若干教师构成的组织系统。在这样一个组织系统中,目标的设计、执行、评估和

结果应用就是对教师的绩效管理。根据目标管理的基本原则和方法,分步实施教师绩效管理。

1. 形成教师绩效管理的理念和氛围

教育主管部门和学校管理者要加强宣传,提出绩效管理的理念,确立绩效管理的思想。教育主管部门或学校拟定教师绩效管理的基本思路,在教研组、年级组会上反复学习和讨论,让每位老师明确绩效概念,树立绩效意识,达成绩效共识,消除教师和中层管理人员的抵触情绪,是教师绩效管理的起点和取得成功的关键。

2. 制定教师绩效目标

学校在教育主管部门政策制度的指导下,结合国家和地方教育发展战略和学校的教育规划制定学校发展目标,根据学校发展目标制定年度工作目标,并根据年度工作目标的要求,在与教师充分沟通和协商的前提下确定客观的、能够实现的教师绩效目标,建立不同类型教师的绩效评估指标体系。通过确定教师的绩效目标,使教师明确各种岗位的工作要求、应达到的目标水平、验收的标准,以及接下来需要改进或提高的工作内容等。明确的目标可让教师在工作中有的放矢,当教师的个人目标与学校的整体目标一致时,教师的行为与学校的要求完全相吻合,教师的工作效率会大大提高。

3. 帮助提高教师的目标执行能力

在教师绩效目标的实施过程中会碰到各种各样的困难和失误,有些困难是教师自己不能克服的,有些偏差是教师没有意识到的,这就需要管理者在实施过程中进行干预。管理者要对教师在绩效目标的追求过程中进行检查和诊断,发现存在的问题,协助教师制定解决问题的办法,并对教师个人不能克服的困难提供帮助等。管理者需要与教师平等、真诚地沟通,切实站在教师的角度来解决问题,对于发现的问题要及时纠正。

4. 开展对教师绩效的评估

在规定的教师绩效目标实施期内,管理者应对教师绩效目标的实现情况进行评估。教师绩效评估一般在学期末或学年末进行,与教师的学期考核或学年考核相结合;需要设计一套科学合理的、有针对性和区分度的绩效考评指标体系,对教师的产出和效果进行合理评价。由于教师的职业特性与其他行业或工作有较大的差异,在评价指标的设计和评价标准的确定上,需要结合教师的职业属性和特点。

5. 评估结果的应用

教师绩效评估结果的应用是绩效管理发挥作用的重要环节,是教师重视评估和学校管理的归宿。从管理者的角度看,把评估结果同教师的切身利益挂钩,兑现学校和教师共同的承诺,可强化评估的激励作用;从教师的角度看,可通过评估找到影响教育绩效的原因、存在的问题和解决的办法,改进绩效计划,并把新的绩效计划带入下一轮绩效管理循环中。

教师绩效管理的目的是改进组织绩效,提高教师工作绩效,实现组织目标。绩效管理是一个持续的管理改进过程,其目标是结合目标管理完善教师管理过程,将绩效管理渗透到教育教学的每个环节,更好地发挥绩效管理在学校管理中的作用,是目前我国学校管理的重要内容。

(二)教师目标管理中的绩效沟通

著名的绩效管理专家罗伯特·巴克沃认为,“绩效管理是一个持续的交流和沟通过程,该过程由员工和其直接主管之间达成的协议来保证完成,并在协议中对未来工作达成明确的目标和理解,且将可能收益的组织、经理及员工都融入绩效管理系统中来”。这种沟通是一种双向的行为,贯穿于绩效管理的全过程,对提高教师的绩效水平有着非常重要的意义。沟通的目的在于分享绩效信息和对存在的问题进行全方位的分析,找到解决问题的对策,从而更

好地完成既定的目标。绩效沟通不仅沟通问题也要沟通成绩，对教师取得的成绩首先要加以肯定和祝贺。绩效沟通的方式有正式的沟通和非正式的沟通，无论是正式的还是非正式的沟通都要因人而异、因事而异。正式的沟通需要有定期的书面报告，采用正式的会谈或定期的会议交流等方式；非正式的沟通形式比较自由，比如工作间歇的交流、非正式的会议、办公室走访等。

绩效沟通之前需要进行绩效信息收集，这是开展绩效沟通的前提和基础。收集教师的绩效信息是教师和管理者双方共同的任务，教师要主动配合管理部门采集信息。信息收集应有明确的目的，不能盲目、无边界地采集无关信息。教师绩效信息采集的途径主要包括管理者的观察记录、教师日常工作记录、学生及其他老师的反馈信息、学校定期抽查、教师的关键事件记录等。

绩效沟通活动的开展可从 3 个方面进行：

（1）绩效目标沟通。绩效目标沟通的目的是使领导与教师对教学工作目标和标准的理解达成一致。沟通的内容包括学期的教学工作任务，教师的教学计划方案、教学目标、达成水平和考核标准。其既为教师的工作指明方向，也对未来的考核划定了明确的范围。当然，绩效目标的设定要参考学生的基础、课程特点和学科性质等因素加以确定。

（2）绩效辅导沟通。教师要及时向主管领导汇报教学进展、目标实现的障碍等，寻求领导帮助。主管领导也要主动与教师沟通，及时了解教师教学过程中出现的偏差，并给予纠正。如果前期制定的绩效目标在实施过程中遇到了很大的阻力，或目标太理想，与实际不符，需要及时对目标进行调整，否则违背循序渐进、因材施教等教育的基本原则，使教学效果适得其反。如果目标实现的困难来自于教师本身的技能缺陷，学校应为教师提供教学技能培训，或者请有经验的教师辅导，帮助教师提高教学水平。在绩效辅导阶段，教师与管理者双方应做到信息透明，教师坦诚公开自己的

教学信息和学生的学习效果，管理者要主动通过正常的渠道获取过程信息，及时跟踪和交换信息，保障信息通畅。

（3）绩效评价沟通。绩效评价沟通主要包括对评价结论的沟通、结果应用方式的沟通、下阶段改进计划的沟通等。评价结论的沟通侧重于对评价结论客观性的认可、对评价结论中问题的分析和经验的总结，特别是对存在问题的原因要进行深刻剖析和认真总结，并纳入下一轮整改的计划中。绩效评价沟通一方面使教师能及时了解教学工作的成绩和不足，了解学校对自己的期望和要求；另一方面也有助于学校制订下一学期的重点工作计划，有针对性地加强某些工作。学校应建立常规的绩效沟通制度，设计几种可行的、人性化的绩效沟通方式，使得领导与教师之间保持顺畅和舒畅的沟通。

四、教师的心理契约与绩效管理

（一）心理契约的概念与内涵

在学校的内部管理中，学校与教师之间的聘任合同是显性的制度规约，此外，他们之间还存在内隐的契约。心理契约理论最早出现于社会心理学领域，1960 年美国组织行为学家阿吉里斯（C. Argyris）将此理论引入组织行为学和管理学领域，提出了心理契约的概念。他认为心理契约不是当事双方通过某种显性的形式直接明了地进行意思表达，而是通过各种心理暗示的方式在双方相互感知并认可各自期望的基础上形成的一套隐性权利义务关系的协议①。他强调在员工与组织的相互关系中，除正式组织雇佣契约规定的内容外，还存在着隐含的、非正式的、未公开说明的相互愿望，它们同样是决定员工态度的和行为的重要因素。

---

① 曹成麟，等：《心理契约的概念、主体及构建机制研究》，《经济社会体制比较》，2007 年第 2 期。

各国学者对心理契约的理论和应用展开了不同程度的研究。美国著名管理心理学家施恩(E. H. Schein)认为心理契约是在组织中成员与管理者及其他成员之间存在的、没有明文规定的一整套期望,是不成文的期望集合,并认为心理契约可划分为个体与组织两个层次①。他将心理契约定义为:"个人将有所奉献与组织欲望有所获取之间,以及组织将针对个人期望收获而有所提供的一种配合。"②科特把心理契约理解为个人与组织之间有关付出与获得的内隐协议③。Shore 等人认为,心理契约在组织中发挥两方面的作用,一方面减少雇佣双方的不安全感,填补正式契约遗留的空白;另一方面规范雇员的行为。雇员以组织对自己所负的责任来衡量自己对待组织的行为,并作为调节自己工作行为的参照系④。有学者认为,教师心理契约是关于个人对组织的贡献与组织对个人回报相关的个人期望条款⑤,是教师与学校之间对彼此双方的责任与义务进行规定的内隐性契约。

综上所述,作为一种主观契约形式,心理契约会关照正式的书面合同所规定的合同条款,但主要在意非正式的、未形成书面合同条款的内容,其中非正式的、无形的、内隐的期望是心理契约的主要内容,包括成就需要、工作安全感、职业培训、补偿和职业发展等。

---

① Schein. E. H. Organization Psychology. Englewood Cliffs: prentice - Hall, 1980.

② 施恩:《职业的有效管理》,生活·读书·新知三联书店,1992 年,第 115 页。

③ Kotter. J. P. The Psychological Contract, California Management Review. 1973 (15).

④ Shore, Barksdale. Examining Degree of Balanced Level of Obligation in the Employment Relationship: A Social Exchange Approach. Journal of Organizational Behavior, 1998.

⑤ Hui-Chi Chu, Chi-Jung Fu. Proceedings of AHRD 2006 International Conference, The Influences of Leadership Style and Climate to Faculty Psychological Contracts: A Case of S University in Taiwan. 2006.

(二) 心理契约的特点

1. 主观性

心理契约是以心理期望的方式隐藏在契约双方的内心深处，期待对方去理解、估测。这种心理期望是个体的一种主观感觉，个体对其与组织之间的关系有自己的认识与体验，往往会存在自己的理解与组织的解释不一致、自己的理解与组织的期望有差异的情况。

2. 不确定性

心理契约的本质是一种心理期望，随着工作环境和个体心态的变化而变化。研究认为，个体在一个组织中工作的时间越长，心理契约所涵盖的范围越广，相互期望和责任的隐含内容也越多。一方面，个体对这些隐含内容的评估变得更加复杂，甚至于经常会提出不同的诉求，表现为契约内容的不稳定性和不确定性；另一方面，组织对个体心理契约的附和难以面面俱到，往往存在顾此失彼的情形。

3. 双向性

心理契约是组织与个体之间建立的一种双向交互性的联系，是组织与成员之间的双向关系。其一方面是指员工对自己在组织中的权力、物质满足、职业发展等方面的期望，另一方面是指组织对于员工的忠诚度、责任心、价值观等方面的期望。组织与个体双方在心理契约中是完全平等的双主体，是否能建立双方共同领会和理解的心理契约，取决于双方的沟通情况。作为组织，对个体提出的期望与要求，应尽量理解与满足；个体在提出期望之前也应仔细思考期望的合理性和可行性，否则会导致心理契约的碎片化，而最终走向对立面。

4. 动态性

由于心理契约的主观性和不确定性，决定了心理契约的动态发展性，因此要求心理契约双方应根据条件和环境的变化来调整

和确定心理契约的内涵。心理契约没有固定的模式和统一的标准,是一个开放式但不具有推广性的契约。不同的人心理契约不同,组织中不同个体与组织之间的心理契约不同;某一组织中的个体与组织之间的心理契约也不能在其他组织与个体间推广。因此,心理契约的内容应随着组织的变化、组织的发展时期变化及组织成员的变化而不断变化。

(三)制度规约与心理契约的关系

制度规约与心理契约是两个相对应的概念,二者的学科基础不同,制度规约属于社会学或经济学科范畴,心理契约属于心理学学科范畴。随着社会发展,新制度理论相继出现,这些制度因素不仅包括法律、规则等强制约束人们行为的正式制度,也包括价值观、信仰等非正式制度。心理契约从制度意义上说,是当事双方心理上共同遵守的内隐之约。两个概念都指向制度意义,区别在于制度规约属于显性化制度意义,心理契约则属于隐性化制度意义。同时,制度规约体现强制性与诱致性,正如诺斯在制度变迁理论中所述,制度变迁过程可由政府颁布法律、政策强制执行,也可由个人或团体为响应获利机会自发组织和实施;而心理契约体现为内隐性和主观性,是彼此的期望,具有双向性和共同性。因此,我们可以把制度理解为法规式的正式制度和价值观念类的非正式制度,可以是有形的,也可以是无形的,无论何种形式,约束是其本质所在。

(四)教师心理契约的形成过程

心理契约反映员工和组织在雇佣关系中彼此应付出什么同时又得到什么的一种主观的、内隐的心理约定,蕴含着对双方相互责任和义务的期望和认知①。心理契约是组织行为中强有力的决定

① D. Rousseau, Psychological and Implied Contracts in Organizations, Employee Rights and Responsibilities Journal, 1989(2).

因素，反映个人对自我奉献和从组织获得及组织对个人期望管理的一种隐性协议，是员工与组织之间的心理纽带，也是影响员工行为和态度的重要因素。作为知识性的劳动者，教师需要通过这一职业来展现自己的才华、赢得尊重，并获得回报，因而心理契约较之于经济契约更能深层次地影响和决定教师的职业心理、行为和结果。完整的心理契约应该经历形成、建立、违背和调整 4 个重要阶段。

教师心理契约的形成过程包括两个阶段，一是主观认知阶段，二是责任预期阶段。主观认知阶段：教师在进入学校之前，都有着自己关于工作、职业和组织的认知，这是基于个人的成长经验、个性特点及个体的职业价值等多因素影响的一种心理状态集；在进入学校之后，教师对随后而来的新信息，包括来自学校组织的信息和外部社会组织的信息等，进行组织和吸收。另外，教师的个体因素和个性特点，虽然只与教师特定的个人经验有关，却可能贯穿教师的整个职业生涯。因此研究教师在不同年龄和工作阶段对教育和教师职业的认识，有助于了解教师在不同时期对职业的期待。责任预期阶段：教师与学校就相互的权利、义务及利益关系进行沟通，双方对各自应该付出什么和得到怎样的回报进行了解并做出预期。这一阶段是教师心理契约形成的关键时期。对个人而言，组织提供的工作环境和期望信息，包括工作条件和学校的相关政策如薪酬、住房、福利政策、发展机会等都影响着教师对自己的责任预期；对组织而言，希望个人对自己应该履行的工作职责有明确的认识，比如承担课程的数量和期望达到的水平、学校兼职等。教师明确学校对自己的责任预期，是教师自己评估心里契约的重要依据。

教师心理契约的建立过程。这是从不断调整到相对平稳的动态演变过程，在此过程中，教师会继续收集新的信息，与已经掌握的信息进行比较、验证，不断梳理信息内容，对矛盾的信息进行甄

别，对已有的信息进行强化或重构。所以，新教师从老教师处获得的对学校的不同评价，新教师对自己的工作能力、工作环境和压力评价都会影响其心理契约的完善。教师心理契约完善后，就进入了相对平稳的阶段。如果组织发生重大的变化，如工作压力大增、工作环境恶化、教师地位严重变迁等，导致教师的心理平衡受到重大的冲击，会对教师的心理契约产生影响，甚至走向“失效”的边缘。

心理契约的违背是一种主观性的心理感受，是指一方认为另一方没有实现心理契约，而不管实际中心理契约的违背是否真的发生。这种感受并不意味着员工一定有被组织欺骗或在感情上受到伤害或有其他相应的行为表现。教师心理契约的违背可理解为教师期望被对待的方式与实际感受到的被对待的方式之间的差异，这种违背的结果对教师的职业行为会有很大的影响。研究认为心理契约违背包括两个阶段：感知到的承诺变化阶段和感知到的契约未履行阶段。导致心理契约的违背通常有两个原因，一是故意违反，二是对心理契约的理解不一致。故意违反可能是因环境或组织绩效的变化，组织无能力兑现；或者是因员工表现不如意，组织不愿意兑现。而对心理契约的理解不一致，涉及对承诺内容理解上的偏差。由于承诺本身的复杂性和模糊性，以及交流沟通的缺失，容易造成对承诺理解的不同。感知到心理契约违背使得教师产生不满情绪，这种情绪表现为对组织、同事、学生的不满等消极行为意愿。如果这种情绪持续发酵，教师就会感到不公平乃至愤怒。心理契约违背达到感知到契约无法履行的时候，就到了心理契约需要调整的阶段。

心理契约的调整是对教师和组织关系进行修复或变更的过程，这是教师管理的重要内容。调整包括沟通、补偿或变化。沟通是修复关系的重要途径，学校管理者或者代表对教师就违背的相关问题及原因进行解释，并保证及时纠正不合理的言行，恢复对以

往承诺的履行,使教师的心理契约能得到维护和维持。如果沟通不畅,或无法达到预期的效果,教师可能会产生要求补偿或离职等行为。如果组织期望教师继续保持原有的工作状态,必须重新修正言行,调整教师的心理契约,否则就会出现教师职业发展危机。

(五) 教师心理契约的特征

现代社会,人们被各种契约所包围,包括正式的和非正式的契约。心理契约作为一种非正式的未写明的无形契约长期影响人们的感受和行为。尤其是在社会经济大发展的时期,心理契约是在经济契约之外平衡个体诉求的准则。教师的心理契约管理是理顺教师与学校关系、整合教师与学校发展目标、保持教师期望张力、激发教师工作热情的有效途径,对教师的职业发展和提高教师人力资源管理效率具有重要意义。但教师心理契约管理必须遵循教师职业特殊性的特征。教师职业的特殊性决定了教师与学校组织之间的心理契约具有其自身的特征,主要表现为职业导向性、职业阶段性、情感依附性、动态循环性和职业发展性等①。

1. 职业导向性

多数教师在其职业生涯中都忠诚于对职业的承诺,而非对组织的承诺。即教师关注更多的是教育事业和专业发展,他们可以在不同的学校组织坚守对职业的忠诚,完成自己的本职工作,实现自己的价值追求。对于中小学教师而言,其职业倾向在于职业之外的附加元素,如学生的素质是否有利于施展自己的才能,是否能从中取得成绩和获得外部的认可等。在个人成长的空间受到约束或能力得不到发挥的情况下,他们会寻找其他组织,寻找新的职业机会。

正如朱成科等人所言,在教师的职业生涯发展过程中,不仅需

① 王海威,孙林:《大学教师心理契约的特征及其管理对策》,《中国高教研究》,2009 年第 10 期。

要努力应对来自环境的挑战，而且需要在情境实践中充分发挥自身经验选择的潜能，在自我需要得以实现的基础上，不断寻求自我跨越式发展①。农村教师的经济待遇不高、享有的公共资源较少，一些农村教师把农村学校的三尺讲台当作练手锻炼的台阶，待时机成熟就另谋出路。农村教师的现实境况堪忧，教师处于"无助""无奈""无望"和"无为"的状态，教师的内驱力激发与农村学校的任务驱动不匹配，个人与组织心理契约的重叠度不高，从而出现"孔雀东南飞"式的离职现象。

2. 职业阶段性

由于感知信息的不断刷新和心理预期的不断调整，教师对学校责任的履行程度在不同的职业发展阶段有不同的特点。在教师刚入职阶段，教师接收到的信息是新鲜的、碎片化的，同时教师的心理契约涵盖的范围也是有限的、内容较少的，这个阶段教师的心理契约比较容易满足。随着工作年限的变长，心理契约的涵盖范围越来越广，心理契约隐含的内容越来越丰富，教师对学校的期望值越来越高，对现状的满足感逐渐降低。有研究认为，工作时间达到二十年以上，教师对学校责任的履行情况的感知度最低。但也有学者认为教师在职业成长过程中与学校的关系，在职业初期是交易型心理契约，带有互惠互利的交易特点；在职业成熟期，易形成平衡型的心理契约，双方关系稳定，教师努力发展自己的成果、巩固自己的地位；在职业衰退期，教师与学校持续的关系时间更长，互相信任和忠诚的感情基础比较牢固，易达成关系型心理契约。

3. 情感依附性

情感依附性也叫关系和谐性。教师作为一个具有独立人格特

---

① 朱成科，李志超：《论农村教师流失控制中的心理契约策略》，《江苏教育研究》，2010 年第 8A 期。

征的群体，因为掌握着专业技能和知识，对传统的组织层级中的职位权威有一定的辨别能力和独到的认识。但在长期"和为贵"的思想影响下，教师也希望与管理者之间关系和谐。这与中国社会强调集体主义和所支持的文化有关，中国人对集体或群体的归属感较强，这种文化观念投射在人们的行为方式上，反映为容易产生关系型心理契约。在这种文化长期的暗示和引导下，教师的认知结构逐渐包括更多的遵从、合作的信息，需求结构中也倾向于寻求与管理者、合作者的和谐相处。

4. 动态循环性

心理契约具有动态调整和维持平衡的本质属性。当某一组织或个体的一方主观上对契约感到不公平或不平衡时，会采取单方面的行为以促使契约的平衡。当纠正过速或调整无效时，也会导致一方拒绝契约的履行，以此来维持契约的公平和平衡。心理契约始终处于"修正—平衡"的循环。国外学者 Rousseau①、Schalk 和 Robert② 通过对员工心理契约的变化发展研究认为：个体观察组织和自身的行为，将组织行为与目前的心理契约的状态进行比较，产生相应的反应，从而表现为对心理契约的态度；在平衡状态下，员工认为付出与收益的比值接近 1，处于相对均衡状态；在修正和转变状态下，员工认为付出与收益处于非均衡状态，心理契约动荡而不稳定。修正是心理契约变动的过渡形式。

5. 职业发展性

教师是一个专业性比较强的职业，教师发展主要是职业发展，教师职业发展是其入职后的一个较长时期的规划，教师对职业发

① Rousseau D M. Psychological Contracts in Organizations: Understanding Written and Unwritten Agreements. Sage. 1995.

② Lee C, Tinsley C H, Chen G Z. Psychological Normative Contracts of Work Group Member in the US and Hong Kong. in Rousseau(Ed) Psychological Contract in Employment: Cross National Perspective, Sage. 2000.

展的关注度与渴求度高于对其他责任的需求度，教师是具有强烈发展需求的群体。教师的使命是发展学生，发展学生首先要发展自己，教师的职业使得教师有了较强的发展意识和需要，教育实践活动也在不断强化教师的发展需要，不断更新的教学内容、不断变化的教学方式、不断发展的教育技术迫使教师不断学习和吸收新鲜的知识，适应和跟上时代教育发展的需要。

(六) 教师职业生涯发展中的心理契约管理

教师的职业生涯是指教师的职业素养、能力、成就、职位、事业等随时间轨迹而发生的变化过程，以及与其变化相对应的心理体验与心理发展历程。教师的职业生涯发展包括时间维度和领域维度的变化。时间维度的变化是指教师随着年龄和工作时间的变化而发生的对职业的认知、心理趋向及职业理想的变化；领域维度是指教师的职业理想、知识水平、教育观念和教学监控能力等随工作经验的积累而发生的变化。教师的职业生涯发展与教师的职业行为密切联系。教师在不同的时期，其职业行为与心理感受非常不同，职业发展路径也不同，教师心理契约的形成、建立、违背和调整的过程反映了教师在一段时间内对职业的认知、态度、心理趋向等的变化和发展过程①。了解教师的心理契约和心理感受能有效促进教师职业生涯管理。

冯莎②将教师的心理契约界定为"自己与学校之间的相互关系中，教师感知到的彼此为对方承担的责任"，并从学校责任和教师责任两个方面 3 个维度(规范型责任、关系型责任、发展型责任)构建了教师心理契约结构。从学校责任来说，要通过 3 种渠道留住教师，即"待遇留人(经济待遇)、事业留人(事业发展的空间和

① 胡平，刘俊:《心理契约发展与教师职业生涯管理》，《清华大学教育研究》，2007 年第 4 期。

② 冯莎:《高中教师心理契约研究》，《内蒙古师范大学学报(教育科学版)》，2008 年第 10 期。

机会)、情感留人(良好的人际关系和积极的情感环境)”。“待遇留人”就是要为教师提供经济利益和物质保障,保障教师的工作和生活条件,此为规范型责任;“事业留人”就是要为教师营造和谐的人际环境,如教师的合作氛围、对教师的尊重和关心等,此为关系型责任;“情感留人”就是要为教师提供事业发展的空间和机会,使之能够得到学习和培训的机会,充分发挥教师的潜能,感受成功的乐趣,此为发展型责任。从教师责任来说,教师的规范型责任是指教师要遵照学校的规章制度和教师规范,完成教师的本职工作,并根据学校的需要安排工作任务;教师的关系型责任是指教师要配合学校营造和谐的环境,具有团队精神,形成关心和关爱的氛围;教师的发展型责任是指教师在工作中能够付出更多,自觉提高业务水平,自觉承担角色外的工作任务,维护学校的声誉。

师玉生等①人对小学教师心理契约与个人教学效能感进行了实证研究,得出一些有益的结论:(1) 城镇教师的心理契约程度显著高于农村教师的心理契约程度,两者存在显著的差异。这可能是由城镇学校的办学条件、环境、教师待遇和个人发展空间的差异造成的;(2) 小学教师的心理契约与个人教学效能感呈正相关关系,即教师的心理契约程度越高,其对自己的教学越满意;学校对教师的关爱度越高,教师的个人教学效能感越高;教师的责任心越强,个人的教学效能也越高;教师的发展责任感越强,在教学策略、课堂管理和激励学生几个方面的效能感越好。

为了提高教师的工作绩效,从心理契约管理的角度激励和促进教师的生涯发展显得十分必要。由于心理契约是动态和发展的,在不同的发展阶段有不同特点,因此不能把握不同阶段教师心理契约的特点,就不可能对教师心理契约的违背情况进行合理的

① 师玉生,安桂花,张素:《小学教师心理契约与个人教学效能感研究》,《宁波大学学报(教育科学版)》,2014 年第 1 期。

评估，也无法确保教师个人的目标与学校发展目标的一致性。所以，学校管理者需要从维护教师个人心理契约的角度建立教师职业生涯管理的理念，让教师与学校、教师与教育共同发展，从而提高教师的责任感和个人效能。在已有的研究中，学者们提出了多种教师职业生涯的管理方式，比如胡平、刘俊等人提出"以'人本化'管理理念构建心理契约，以共同愿景来发展和提升教师的心理契约，以民主的方式来维护教师的心理契约，以非经济激励的方式来引导教师的心理契约"①。这些措施很重要，但经济激励仍是最为根本的措施之一。2009 年我国开始实行的教师绩效工资制度就是希望该激励措施能够制度化、合理化，在教师心理契约中发挥最广泛和持久的动力。关于教师的心理契约与教师经济激励的相关度的系统研究目前还没有发现，但从个人需求理论来说，教师的心理契约中既包括对经济方面的考量，也包括对个人事业发展、工作环境方面的考量，孰重孰轻，难以一言蔽之。

心理契约对于学校调整教师与教师之间、教师与学校之间的相互关系，有效提高组织行为和教师的绩效有重要意义。就教师而言，心理契约的满足不一定能带来高绩效，但心理契约的违背一定会导致教师的不满、懈怠或离职，从而导致低绩效。学校要抓住教师职业生涯的特点和心理契约的变化发展规律，实现动态管理。金艾裙教授认为在教师职业生涯的初期、成长期、成熟期和衰退期都要进行管理和调整，以促进教师职业生涯的发展和教育绩效的提升②。

在职业生涯初期，心理契约管理的重点在于稳定教师的职业心态。此时的教师可能因无法适应教师角色或无法满足教师的薪

---

① 胡平，刘俊：《心理契约发展与教师职业生涯管理》，《清华大学教育研究》，2007 年第 4 期。

② 金艾裙：《基于心理契约的中学教师动态管理》，《中国教育学刊》，2013 年第 12 期。

酬要求而产生怠工或离职的想法，学校要加强对初期教师的指导，开展岗前教育，帮助教师开展职业生涯规划、提高教学技能、提升自我效能，引导教师从过渡型心理契约逐步向交易型心理契约转变。

在职业生涯成长期，心理契约的管理侧重于制度的公平和教师的发展，这期间教师的心理契约呈交易型特点，教师最关心自身发展和发展中的公平性，绩效考评和晋升机制的公平性影响教师对心理契约的信心，甚至引发心理契约的违背。学校组织要建立科学合理的绩效评价体系，提高教学管理水平，提升教师的绩效；努力营造民主、科学、公平的教师工作环境，提高教师工作的满意度；完善教师进修培训机制，通过开展校本培训、校际培训，提高教师的教学技能，开展学科教学研讨会，鼓励教师进行理论结合实践的研究，逐步形成自己的教学风格，并创造机会吸引教师参与学校管理；尽可能开展透明、平等的交流沟通，消除教师心理认知上的偏差，提高教师的归属感和责任感，有效维护教师的心理契约，提升教师的工作绩效。

在职业生涯成熟期，教师心理契约的管理重点在于促进职业提升。处于职业生涯成熟时的教师与学校之间的心理契约呈平衡型特点，主要表现为关系型和交易型心理契约，以关系型交易契约为主。导致该时期教师心理契约违背的主要因素是教师在发展中出现的"高原现象"。学校组织应通过安排教师从事有挑战性的工作、提供教师发展和提升的机会，帮助教师克服"高原现象"。如鼓励教师开展课题研究，利用教师多年在一线教学中积累的经验和掌握的丰富的一手资料开展相关的教育教学研究；鼓励教学经验丰富的教师指导新教师，担任新教师的导师，既可帮助青年教师尽快成长，也能促进成熟期教师进一步思考，向教育专家型教师迈进。因此，职业成熟期教师心理契约管理得当能充分提升教师终生的职业绩效。

在职业生涯衰退期，学校要以显示人文关怀为主。该时期教师的心理契约呈关系型特点，此时教师的心理契约发生违背，主要原因可归结为教师得不到应有的尊重和认可，教师多年的贡献可能因被学校或学生抹杀而心灰意冷，产生尽快退出教师职业生涯的想法。因此，学校要定期给予这一时期教师必要的关怀，充分认识教师长期以来的价值和贡献，尊重教师个人的兴趣爱好，鼓励教师参加各种社会活动，形成关心老教师的文化氛围，促进老教师与学校的长期互动，为学校的发展规划献计献策。

第三节　教师绩效评价的实现形式

一、教师绩效评价的目的与功能

绩效工资发放的基础是对教师的绩效评估，而对教师的绩效评估的目的却不是纯粹为了发放工资，因此，要弄清楚教师绩效评价的目的是管理、选拔，还是促进教师的专业发展，进而促进学生的发展。不同的评价目的反映的教师的主体价值追求不同。笔者认为，教师绩效评价的最终目的是为了改进和发展，即通过绩效评价改进教师的工作质量，提高学校的办学效率，保证教育教学的有效实施，促进学生的全面健康发展。学校的主要功能是教育功能，应当以学生为主体，学校的所有工作都要服务和服从于这一主体。教师的绩效考核要引导教师牢固树立以学生为本的思想，学生发展是教师绩效考核的根本目的。

在追求教师绩效评价最终目的的过程中，义务教育教师绩效工资制度的实施，是实现教师评价最终目的的重要内容。义务教育教师绩效工资制度的目的，一方面是通过绩效工资改善和提高广大教师的收入待遇，对教师形成激励作用，提高教师工作的积极性；另一方面是通过绩效规制引导教师自主发展。2009 年教育部

等部委联合下发的《关于义务教育学校实施绩效工资的指导意见》中提出,做好教师绩效考核工作是加强教师队伍建设的重要基础。科学有效地实施教师绩效考核,是提高教师队伍整体素质、促进教师队伍科学发展的关键环节,是努力构建充满生机与活力的教师人事制度的重要任务,对加强教师队伍建设,充分调动教师的积极性、主动性和创造性具有导向作用。

综上所述,绩效评价仅是教育管理的手段,理想的绩效评价并不是仅仅局限于对教师的评价,而是通过评价来促进教师的专业发展。这就要求学校首先为教师提供一个发展的环境,倡导人文关怀,关注教师的生存条件和发展需求,了解教师的工作状态和表现,为教师发展提供条件,指导教师树立专业发展目标,增强教师自我发展的意识。也只有教师得到了发展,才能更好地履行教师的工作职责,促进教育绩效评价目的有效地实现。因此,为了实现教师绩效评价的目的,绩效评价应发挥引导和导向作用,引领教师的专业发展方向,对教师工作起导向作用,同时绩效评价也需要营造和谐、关怀和合作的人文氛围。

教师绩效评价的功能(或者称之为作用)是指教师绩效评价所发挥出来的影响。这种影响有积极和消极之分。积极的影响:一是通过绩效评价对教师的工作行为及其结果进行评价,为学校的人事管理提供客观依据;二是通过绩效评价了解教师的教学状态及其效果,发现问题,为学校和教师进一步改进工作提供指导;三是通过绩效评价,建立激励机制,促进教师努力工作,激励教师自觉发展,自我改进;四是通过绩效评价的导向作用,引导教师按照绩效考评的方向追求专业和职业发展。当然,绩效评价开展得不当,也会带来消极的影响,如损害教师团队精神的发挥,不利于教师主体地位的确立,滋生功利主义和自我中心情结等。

在实际中,教师绩效评价的目的与功能绝不能混淆。教师绩效评价可以用来对教师进行鉴定、评判、奖惩,这与教师绩效评价

的目的——“改进教育教学质量和促进教师专业发展”是一致的。只不过前者是绩效评价的功能，或者说是实现目的的手段，只有发挥这种功能才能实现最终的目的。如通过绩效评价鉴定出某位教师不合格，这位教师也可能后来被解聘了，但绩效评价本身不是为了鉴定教师合不合格，也不是为了解聘教师，而是为了发现问题，促进教师的发展。因此认为绩效评价的目的就是对教师进行奖优罚劣的看法是对绩效评价的误解，混淆了绩效评价的功能和目的。另外还要注意，做任何事情都是有利有弊的，绩效评价也不例外。绩效评价的功能有积极和消极之分，为了在绩效评价中克服消极功能，最大限度地发挥积极功能的引导作用，需要评价设计者和教育管理者在制度和机制的设计上能促进其积极功能的发挥和抑制消极功能的释放。

为了发挥绩效评价的积极功能，保障绩效评价目的的实现，学校管理者在教师绩效评价中要努力做到评价客观公正和始终坚持以评价促发展。如何做到客观公正呢？首先要以事实为依据，尽量用数据来衡量，用教师的教学实绩和教师的关键行为来评价，在这些数据材料的基础上进行全面分析，得出评价结论，注重评价的科学性和客观性。其次要坚持多元化、多维度的评价方式。教师的绩效绝不仅是学生的成绩，这是教育部在2009年颁布的文件中明确提出的。教师的绩效具有多维性、动态性特点，要从不同的角度、不同的方面和不同的主体，在不同的时点来进行评价。多种评价形式综合应用，将形成性评价与总结性评价相结合、日常评价与集中评价相结合，综合反映教师的绩效状况。如何做到促进教师的发展呢？教师绩效评价应坚持将评价与教师的专业发展融为一体。正如贾汇亮所言，没有绩效考核的专业是盲目的发展，通过有效的绩效考核，才能发现教师可能存在的问题，进而找到教师专业发展努力的方向。促进教师专业发展是绩效考核的目的，不能建立在促进专业发展上的绩效考核是没有实际意义的绩效考核。教

师专业发展是教师评价的终极目标之一，绩效考核只是促进教师专业发展的手段①。绩效沟通被认为是促进教师专业发展的有效手段。绩效评价强调评价者与被评价者之间的及时沟通，沟通内容包括对最初达成的协议的完成情况、评价中发现的一些问题，以及接下来如何应对等。教师通过沟通反馈可以了解自身之不足，并与评价者共同探讨改进的方法。通过持续不断的双向沟通和改进，最终达到提升教师专业发展的目的。

二、教师绩效评价方式辨析

20 世纪 50 年代，教师评价体系就在西方国家产生，70 年代在英国就出现了 PRP 教师评价体系，90 年代在美国大规模发展了基于课堂评估的教师评价体系。以下总结西方国家出现的 5 种典型的教师评价方式。

（一）以学生学习结果为目标的效能评价

它把教学过程看作一个投入产出过程，把教师看作是决定学生学习成绩好坏的几乎唯一的因素，教师要对学生的学习结果负责。在学校管理上重视通过分析学生的学习结果与教师的课堂行为，来评价教师的教学效能，从而提出教学改进的建议。

（二）教师专业胜任力评价

教学被认为是一项复杂的专业活动，教育被当作一门艺术，教师需要有驾驭这一活动的能力。该评价理念要求教师掌握充分的专业知识，具备胜任岗位的技能，并在实践中不断完善。教师管理专业组织通过制定教师职级标准，以对教师的考核评价作为教师入职、聘用和晋升的决策依据。

① 贾汇亮：《教师评价——绩效考核的基础上的专业发展》，《现代中小学教育》，2007 年第 5 期。

（三）教师专业发展性评价或形成性评价

该评价理念认为教师需要在实践中不断总结和反思，诊断教学中存在的问题，不断改进、不断积累，形成一种适合学生的教学模式。发展性评价的目的是促进教师的专业发展，通常采取专家课堂观察和评估、学生提建议、教师自我总结等方式进行。

（四）教师激励性评价

教学是一种极具创新性的活动，“教无定法”说明了教学的变化性和复杂性，需要教师充分发挥自主性和能动性，而不是照本宣科。如何挖掘教师的潜能，调动教师创新的积极性呢？“激励”应成为解决该类问题的应有之意。从本质上说，激励只是将评价结果与教师的回报相结合的一种分配形式，并不是评价本身。因此，激励性评价应是对上述3种评价结果进行组合后，与教师的物质和精神诉求相结合的一种产物。

（五）增值评价

针对教师绩效评价出现的困境，目前不少研究者提出了用“增值评价”的方式来评价教师的绩效。即以统计测量的方式确定学生每一年的进步程度，根据学生的学业进步程度来考评教师的绩效。作为学生学业提升过程中一个阶段性结果的考评，增值评价从理论上看是相对公平和科学的，但开展这项评价意味着学校要对学生的学业成长过程进行长期追踪和统计分析，技术难度和工作的烦琐程度不言而喻。另外增值评价本身也存在一些缺陷，如仅用单科成绩来衡量教师的绩效水平具有片面性；对于艺术、体育等科目的评价依赖于教师的主观评价，不同教师的标准不一，不具有可比性。

我国教师绩效评价在20世纪90年代中后期被提出，并于2009年在全国广泛开展，表现为对教师岗位工作的完成情况及其

效果的评估,并将评估结果与教师的奖惩挂钩。有学者①认为教师绩效评价是把国家对教师的要求具体化、行为化、指标化,制定成科学的教师绩效评价指标体系,评价者根据指标体系系统地收集资料,对影响教师工作质量和水平的各种有效行为因素进行价值判断和有效的控制,以达到预期目标。蔡永红②认为在教师评价领域存在着教师胜任力评价、教师效能评价与教师绩效评价3种评价。教师胜任力评价是教师进入岗位之前的资格评价,应与其在职过程中的工作绩效评价分开。而教师效能评价与教师绩效评价,是两种不同类型的绩效评价,前者强调工作的直接结果,后者强调工作行为。教师绩效评价是依据一定的价值标准,确定教师的工作目标和行为指标,对教师的学习研究、教育教学活动及其相关因素在不同发展阶段的有效性程度和已经完成工作的状态水平进行系统描述和科学的价值判断过程。张俊友③则认为教师绩效评价包括对教师教学工作过程的评价和对教师教学工作结果的评价,对教师的绩效评价更应侧重于对教师教学过程的评价。发展性教师评价作为更高境界的教师评价,必须以教师绩效评价所达到的严格、精确为现实基础。

由此可知,教师绩效评价是一个内涵丰富、范围广泛的概念,教师绩效评价方式也有多种形式,每种评价方式都侧重强调某一个方面的价值和作用,但不是在每次评价中要包括所有的评价内容、采用所有的评价形式。在日常的教育教学管理中,人们可根据需要选择相应的评价方式。

---

① 高广学,施丽梅:《对教师绩效评价的思考》,《齐齐哈尔大学学报》,1999年第5期。

② 蔡永红:《对教师绩效评估研究的回顾与反思》,《高等师范教育研究》,2001年第3期。

③ 张俊友:《客观对待教师绩效评价和发展性教师绩效评价》,《教育学报》,2007年第1期。

三、教师绩效评价的主体

《中华人民共和国教师法》第 23 条规定:“教师考核应当客观、公正、准确,充分听取教师本人、其他教师以及学生的意见。”《中华人民共和国教育法》对教师绩效评价的主体做了明确的规定,各级教育主管部门需要在教育法的框架内选择评价主体。在教师评价实践中,通常是由教育行政部门制定评价标准,学校领导组织实施,先由被评价者自评,然后同事之间互评,最后再交由学校行政人员讨论进行总评。也就是一贯采用的“自评、他评、总评”的评价程序,不同的评价主体参与了教师评价的全过程,具有一定的合理性和公平性。但在以往的评价过程中,各评价主体都是以松散的方式参与评价的,不同主体的评价结果是否能在总评中发挥作用,缺乏机制保障。为了保障教师绩效评价客观、公正、公平地开展,有必要联合教师绩效评价各主体构建完善的教师绩效评价主体。

(一) 教育行政部门

教育行政部门作为教育人力资源的主管部门,应依据上级政策文件的要求,在上级文件框架内制定本地区教师评价的标准、准则和实施程序,并指导学校实施。学校实施的结果要报本级教育行政部门登记备案,作为教师职称评聘、职务晋升和奖惩的依据。

(二) 学校管理者

学校作为教师绩效评价的实施部门,具体开展教师绩效评价工作,对教师的工作绩效进行测量和评定。学校管理者应在教育主管部门的指导下,在教育行政部门相应政策制度框架的要求下进行工作,可以细化本校的评价标准。学校具体的评价标准要征求各类教师和教辅人员的意见,通过校“教代会”讨论通过。学校要建立绩效评价工作小组,负责学校常规的绩效考核工作。学校管理者对教师的评价侧重于硬数据评价,即利用学校日常的统计

数据进行定量评价，比如教师的出勤率、授课数量、获奖情况等。评价结果要及时公开，接受教师的监督，确保评价工作公平、公正。

（三）学生

学生作为教育的对象和教师服务的对象，其满意程度对教师绩效评价十分重要。教师的绩效是间接绩效，教师的成绩主要是通过学生反映出来的，学生是教育活动的直接参与者和受益者，学生对教师的行为、态度、能力和工作方法有直接的感知，对教师教学的效果和自身的受益有直接的体验。因此，学生是教师绩效评价不可或缺的主体，在教师绩效评价中占有一定的比重。但考虑到义务教育阶段，特别是小学低年级阶段的学生，对教师绩效问题缺乏必要的认知，还不能成为教师绩效的主要评价者。尽管如此，学校评价者在评价过程中可以设计简单、通俗易懂的问卷，在家长的参与下，共同完成对教师教学的满意度调查，作为对教师绩效评价的组成内容之一。

（四）教师（同事）

教师的教育工作往往不是一个人独立完成，需要相关课程教师的共同协作、学生管理工作教师（班主任）的合作来完成。实施教师绩效评价的一个致命弱点就是会造成教师个人以自我为中心，而损害了团队精神。增加同事评价的环节，有利于引导教师发扬团队精神，增强合作意识。同时，同事之间接触较多，相互观察得比较仔细，对各自的业务能力、工作表现比较清楚，评价结果也比较客观，因此要定期开展以年级组、教研组为单位的教师绩效互评。通过教师互评可以实现对教师绩效考核的需要，同时也是教师改进教学技能、了解自身不足、相互取长补短的过程。

（五）专家

专家是指在教育教学研究和某一学科有专长的人。专家对教师的评价是教师绩效评价的一部分。专家评价主要通过听课、座谈等方式，对教师教学中存在的问题和教师专业发展中存在不足

给予指导并做出评价。专家评价可定期进行,如一年一次,这种方式对青年教师十分必要。专家评价并不局限于评价本身,而是要通过评价给出合理的建议和意见,能帮助教师在专业方面迅速发展、尽快成长。

（六）教师自身

教师对自己的教育教学活动的自我评价,实际上是教师对自己教育教学过程的回顾、反思和修正过程,可以促进教师的专业发展。教师作为教育教学活动的设计者、实施者和主导者,对教学活动方案设计的优劣和活动的效果最为了解。在绩效评价中,教师既是被评价的对象,又是参与评价的主体之一。通过教师的自我诊断,更有利于教师了解自己的弱点和不足,从而促进其改进教学方案、优化教学方法,提高教学效率和效果。

四、教师绩效考核的基本原则

（一）目标关联性原则

由于绩效考核结果与教师工资挂钩,考核的关注度大,考核结果的影响面广,作为考核的一级组织必须高度重视个人目标与组织目标的相关性。学校一级组织在制定考核方案和细化考核标准之前,应认真学习、把握国家和上级主管部门的文件精神,然后仔细分析本校教育教学管理的经验、不足,未来发展需求和管理深化的方向,梳理学校人员结构、资源配置情况,并在上级文件框架的指导下设计绩效考核方案、考核目标和考核标准,最后将学校的考核目标分解到每个教师团队,直至每个教师个人,形成学校总目标、团队目标和个人目标的目标链。三类目标之间要保持高度的一致性,当教师个人目标完成时也就完成了学校的发展目标。

（二）发展性原则

正如邓小平所言“发展是硬道理”,教育发展是每个时代、各个国家都为之不懈努力的征途,没有最好,只有更好。教师绩效考

核仅是教育管理工具箱中的一个工具,对这一工具的使用是否有效的判断标准只有一个,那就是是否以及在多大程度上促进了学校管理的进步和教育的发展。具体地说,也就是通过对教师的绩效考核促进教师的专业发展和教师队伍素质的不断提升,促进教育管理的规范和管理队伍的完善,促进教育教学质量的不断提高,促进学生总体素质的不断提升;同时,绩效考核本身也应是发展性的,在不同的发展阶段,考核关注的重点也是不同的,考核的指标和标准应随着教师的发展而发展。相关管理者要在吸收以往经验的基础上,与时俱进,不断改革,按照学校发展的规律和教育发展的趋势,不断创新学校管理制度、模式评价方法,促进学校和谐、有特色地发展。

(三)民主性原则

教师绩效考核要突破以往由领导考核的藩篱。教师绩效考核从方案的制定到过程评价及结果的公开,都要遵循民主性原则。绩效考核方案的制定不能由几个领导坐在办公室里拟定一个方案就完事了,方案需要征询学校教师和各类管理人员的意见,让教职员工充分行使民主权利,调动教职员工参与方案制定的积极性,充分考虑学校不同岗位的特殊性和不同学科的差异性,广泛吸纳大多数老师和管理人员的意见和建议,增强工作的透明度,确保教职员工的知情权,对考核结果要及时与教职员工沟通,在教职员工对自己的考核结果没有异议的情况下及时公布考核结果。绩效考核要接受教职员工的监督,让群众参与到考核管理中来,不断增强教职员工的主人公意识和责任心。

(四)激励性原则

教师绩效考核的制度和措施要能够引导和激励教师自觉规划职业生涯、追求专业发展、完成教育教学任务,自觉追求教育教学的质量和效果。教师绩效考核措施要能激励和调动教师的主动性、创造性,使教师处在一个兴奋积极的状态中。如果绩效考核让

教师疲于应付，只是消极被动地被考核，则不会达到预期的效果，甚至会引起教师的埋怨和抵触，产生负面作用。虽然激励性原则是一个普遍性原则，人们都会有意无意地遵守，但在实际操作中很难把握好火候，容易产生激励过度或激励不足的情况。激励过度容易导致被激励者对激励条件的过度依赖而产生强动机心理，维持这种强动机心理大大增加了激励成本；而激励不足则相反，激励程度若不足以产生有明显感觉的刺激作用，则不能激起被激励者的兴奋状态，达不到应有的激励效果。因此，绩效考核应遵循激励相容原则。

（五）以人为本原则

"以人为本"的管理理念是超越科学管理理论的行为管理理论。科学管理的不足之处在于把人单纯地界定为"经济人"，对组织成员的行为关系很少讨论。行为管理学派从行为科学的观点出发，重视人在组织管理中的地位，将"以人为本"作为一种管理理念引入管理领域。它肯定了人性的优点，重视个人的尊严，认为员工身上存在工作的热情、潜能和责任感，管理者要善于诱导和引发。"以人为本"理念的管理实质是人的理性管理与人性化管理的有机结合，其内涵是尊重人、依靠人、发展人和服务人。"以人为本"的教师绩效评价，不仅要重视评价的诊断和鉴定作用，还要尊重教师、发展教师、服务教师，做到通过绩效评价展现教师个性特长、促进教师发展。

以往采用的"奖惩性评价"，仅把绩效评价作为目标管理的手段。毋庸置疑，"奖惩性评价"也是鼓励教师努力工作、更好地完成教学任务的一种手段，但对大多数教师缺乏促进作用。不是大多数教师不喜欢奖励，也不是大多数教师都是"经济人"，没有金钱诱惑就不努力工作；而是因为传统的人事管理只关心组织目标的实现，认为人的发展是实现组织目标的手段，因此在绩效考评中没有设身处地地为教师着想，没有把帮助教师发展作为绩效考评的任务,而是通过考评给教师施加压力,对考评不合格的教师采用简单粗暴的处理方式——辞退,导致工作环境恶劣,教师缺少应有的关怀和尊重,而使得教师心态畸形。现代人力资源管理认为,人的发展也是组织发展的一个重要目标,只有员工个人更好的发展,才有组织更好的发展,因此,对人的关怀无疑是实现组织目标的重要前提,实现教师发展也是教师绩效评价的使命。

五、教师绩效考评的基本要求

(一)评价标准具有可实现性

评价标准就是对员工进行评价的标尺,用来衡量教师的绩效是否达标的度量工具。评价标准有绝对标准、相对标准,从不同角度还可以分为定性标准和定量标准、客观标准和经验标准、历史标准和行业标准等。但无论哪种标准,它都是基于工作本身而非工作者而设定的,应是客观的、可达到的。即绩效评价标准是在教师个人可控的范围内,通过自身努力可以达到的。如果绩效评价的标准太高,教师再努力也无法达到;或者绩效评价标准太低,教师无须努力就可以实现,这样的标准就没有设定的意义,不能有效测量和区分教师的绩效,对教师和员工起不到应有的激励作用,久而久之也就得不到教师的重视而丧失存在的必要。

(二)评价方法上坚持精确性与实用性结合

以往的教师评价更多的是采用领导考评和教师互评的方式,这种方式多以定性评价为主,根据个人的感觉来评价,模糊性较大。而绩效评价主要是对教师的工作效果和成绩进行评价,注重量化的评价考核,需要有较强的直观性和明确性,因此如何处理好定量和定性之间的关系显得尤为重要。教师绩效评价是一个相当复杂的系统,没有固定的标准、方法和路径,全靠评价设计者自己思考和把握。而且实践证明,当一个系统的复杂性逐渐增加的时候,人们对该系统所做的精确而有意义的描述能力相应降低,以至

产生一定的阈值，超过这一阈值，精确性和有意义就成为两个互相排斥的力量而不相容①。因此，在教师的绩效评价中，一定程度的定量评价是需要的，但不能片面追求精确性而忽视其使用价值，定量和定性相结合才是教师绩效评价的趋势。

（三）明确绩效考核的范围

在义务教育学校实施教师绩效工资制度之前，学者们已经展开了对教师绩效考核内容的研究。王福春等人②提出考核指标不应局限于传统的德、能、勤、绩4项，需加强德、绩两项考核。“其中‘德’主要包括职业道德素养、思想政治表现、工作态度、纪律遵守、公益事业；‘绩’包括：教学情况、科研情况及论著情况。”宋倩③认为教师绩效考核应包括：认知力、人际互动、知识技能、接纳特征、师德特征和成就特征等。姜红④认为，教师绩效考核可分为职前绩效考核和职后绩效考核两部分，职前绩效考核主要包括教师胜任力考核和人格因素考核；职后绩效考核包括任务绩效考核和关系绩效考核。

2009年之后，多数学者的观点趋于一致，认为综合评价有利于全面反映教师的工作绩效。如栗明方、颜廷银⑤认为综合评价有利于课堂教学改革。曾院珍⑥借助全视角反馈绩效评价方法，提出了从基本素质、专业能力、工作过程、工作绩效4个方面对教师绩效进行全方位评价。也有部分研究者则持相反意见，如王嘉

---

① 段丽：《论“以人为本”的教师绩效评价》，《大学教育科学》，2003年第4期。

② 王福春，孙雅文，韩斌：《科学考核：巩固高校人事制度改革的成果》，《中国冶金教育》，2002年第2期。

③ 宋倩：《自我效能感及其在班级管理中的运用》，《职业教育研究》，2006年第12期。

④ 姜红：《绩效评估在教师职业发展中的应用》，《教育探索》，2005年第4期。

⑤ 栗明方，颜廷银：《教师绩效考核应走综合评价之路》，《天津教育》，2009年第4期。

⑥ 曾院珍：《义务教育学校教师绩效考核体系的构建》，《学理论》，2012年第16期。

依、王少华[①]认为实施绩效考核不宜搞得太过繁杂,太全面的考核往往不能突出重点、抓住要害。

(四)构建科学的考评指标体系

建立一套科学的考核指标体系是教师绩效考评的重点。绩效是教师个人能力、教育观念、教学技能、人生价值观等诸多因素的综合体现。绩效指标的设计应致力于寻找教师个人专业与学校发展的契合点,制定能够发掘教师的发展潜能、符合教育规律、适应教师工作特点和学校发展需求的目标和指标。绩效考评指标体系应能全面反映教师工作的情况和学校对教师的要求。

按照《中华人民共和国教师法》第22条规定:"学校或者其他教育机构应当对教师的政治思想、工作态度和工作成绩进行考核";2008年,教育部等部门颁布的《关于做好义务教育学校教师绩效考核工作的指导意见》中也指出,"教师绩效考核的内容主要是教师履行《义务教育法》《教师法》等法律法规中规定的教师法定职责以及完成学校规定的岗位职责和工作任务的实绩"。因此教师绩效考评的内容应包括教师的品德素养(师德)、教育教学工作和科研工作3个方面。品德素养包括政治立场、遵纪守法和职业道德等方面的指标;教育教学工作包括日常的课程建设、教研活动、教学工作和班主任工作等内容;科研工作包括科研活动和科研成果等内容。每个指标还需要细分,如在教育教学方面可细分为完成课时、教案、作业批改、期中期末学生素质测评、评教等级等内容。

指标体系的针对性十分重要。教师所在的学科不同、职称不同,对他们的知识技能和工作方式的要求应有所不同。比如,在课程建设方面,职称高、能力强的教师所占的比重应适当增加;在教

---

① 王嘉依,王少华:《经济学视野下的教师绩效考核》,《教学与管理》,2009年第7期。

师培训方面，对年轻教师的培训要求应适当提高。因此对每类教师进行科学合理的评价前，必须要对教师进行合理的分类，并就每类教师的特点设置相应的指标体系和绩效标准，提高评价的科学性。

第四节　教师绩效工资的概念与内涵

一、教师绩效工资的概念与构成

（一）概念

绩效工资的前身是计件工资，最初是管理科学之父——泰勒为解决员工工作效率低下问题而设计的与员工生产的产品数量挂钩的一种工资结算方式。随着工资理论和实践的发展，绩效工资的内涵也不断拓展，今天所谓的绩效工资，是指根据劳动者的实际工作业绩确定其工资数额，将劳动报酬与劳动业绩挂钩，实行多劳多得、优绩优酬的工资设计方式。从马克思的劳动论来说，绩效工资主要是根据员工的第三种劳动，即凝固劳动来支付工资，以员工实际的、最终的劳动成果确定员工的薪酬的工资制度，是一种典型的结果性工资或激励性工资。从理论上来说，采用工资激励的方式提升了劳动者工作的积极性和自主性，也体现了劳动者收入分配的公平性。

教师绩效工资是绩效工资制度在教育领域的应用，是指通过对教师工作的业绩、态度、技能水平等方面的综合考核，将考核结果与教师的工资报酬相挂钩的一种管理方式。在实际中，教师绩效工资是将教师的薪酬与教师的教学表现、学生的成绩等工作业绩捆绑在一起，根据不同的业绩划分出不同的等级，并根据不同的等级确定教师的薪酬等级，在确定薪酬等级后，根据适当拉开差距的一般性原则和学校的实际收入核算每位教师的工资。

我国教师绩效工资制度首先在义务教育阶段实行，义务教育阶段教师的绩效工资是指建立一套科学合理的评价体系，对义务教育阶段教师的工作态度、工作能力及工作成果等进行客观、公平的考核，将考核结果和工资待遇相挂钩。教师的绩效工资与教师的绩效考核是密不可分的。我国现阶段教师绩效考核的主要内容为：教师履行相关法律法规中规定的教师职责、完成学校规定的各项工作任务和岗位职责的业绩，其具体包括班主任工作、师德等方面的内容。

（二）教师绩效工资的基本构成

根据目前教师工资制度的设计，义务教育学校执行国家规定的绩效工资制度，即 2008 年 12 月，国务院审议并通过的《关于义务教育学校实施绩效工资的指导意见》（以下简称《意见》）中所规定的教师绩效工资要求，规定义务教育学校实施绩效工资制度。这是用于鼓励和奖励部分骨干教师、一线教师、优秀教师的一种工资制度，包括基础性和奖励性两部分，基础性绩效工资占工资总量的 70%，具体项目和标准由县级以上人民政府人事、财政、教育部门确定；奖励性绩效工资占绩效工资总量的 30%，由学校自主分配，是真正体现教师绩效管理并与之相对应的工资安排。从教师的工资结构来看，教师岗位绩效工资由岗位工资、薪级工资、绩效工资和津贴补贴 4 部分组成，其中岗位工资和薪级工资为基本工资。基本工资按照国家统一的标准，津贴补贴根据各地情况进行，标准由各地制定。绩效工资要根据教师的岗位职责和工作业绩来进行工资分配。这在一定程度上促进了事业单位过去的由身份管理、职级管理向岗位管理和结果管理的转变。

二、实施绩效工资的意义和必要性

教育是民族未来发展的基石，是国家长期发展的基本国策。实施义务教育教师绩效工资制度是我国教师工资制度的又一次重

大改革和调整，是特定时期和历史背景下的产物。义务教育绩效工资制度，作为一项新的制度安排，属于当前义务教育管理的重要制度，在义务教育学校实施教师绩效工资策略，对解决目前义务教育发展中存在的一些矛盾具有重要作用，具体表现在：(1) 坚持教育优先发展，依法保障教师的收入水平，可以激发广大教师积极投身教书育人的事业，吸引优秀人才长期从事基础教育工作。《意见》中明确指出“经费省级统筹，中央适当支持，确保实施绩效工资所需资金落实到位”。绩效工资实施后，每年有固定的经费拨付到学校，由学校自主分配。(2) 引入竞争机制，可以根据多劳多得、优绩优筹的原则，进行内部灵活分配，重点向一线教师、骨干教师、做出贡献的教师倾斜，打破“吃大锅饭”“干与不干一个样”的做法。这就要求必须建立符合教育教学规律和教师职业特点的教师绩效考核制度，为绩效工资分配的有效执行提供制度保障。(3) 有利于完善教师队伍建设机制。科学地设置绩效工资制度、对教师实施绩效考核，是提高教师队伍整体素质、促进教师队伍科学发展的前提条件，是完善教师激励与约束机制。努力构建充满生机与活力的教师人事制度，对调动广大教师工作积极性、主动性和创造性具有重要意义。

绩效工资制度是依法保障义务教育阶段教师工资待遇的必然要求。长期以来，我国义务教育阶段教师工资水平偏低，教育系统的工资水平在国民经济的各个行业中均排名靠后。比如，1978 年调查的教育文化系统职工的平均工资在国民经济的 12 个行业中居于倒数第一①。1990—1999 年，教育系统平均工资在 15 个社会行业系统中处在第 10 ~ 13 位之间，并且大多数年份教育系统平均工资都达不到社会平均工资的水平②。义务教育绩效工资制度的

① 孙喜亭：《教育原理》，北京师范大学出版社，1993 年，第 75 页。

② 陈赟：《20 世纪 90 年代教师工资问题研究》，《清华大学教育研究》，2003 年第 1 期。

落实,确保了学校的一线教师、骨干教师的工资比原来高,总体上达到教师工资不低于当地公务员的工资水平;同时,也规范了教师的工资结构,实施绩效工资后学校不再自行发放任何津贴、补贴和奖金。

绩效工资制度保障了农村及偏远地区的教师稳定。农村及偏远地区学校教师队伍建设相对薄弱,优秀师资因待遇和工作环境问题形成无序流动,教师收入水平的校际差异过大,当前的这些现状都在一定程度上违背了义务教育均衡发展的原则的要求。建立合理有效的工资激励机制,保障教师基本稳定的工资水平,统筹区域之间及区域内部各个学校之间教师收入的配置,维护教师资源的有序流动,将有益于推动义务教育向更高水平均衡发展。

绩效工资制度还能促进教师专业发展。教师绩效工资制度改革改变了以往以甄选和奖惩为导向的工资政策导向,采用定性与定量相结合的方法,将教师的工作情况与综合能力均纳入绩效考核范围,引导教师以可持续发展的眼光看待问题,不断适应时代需要,主动更新教育观念,及时补充专业基础知识,自觉提高专业素养,尝试现代化、多样化的教学方法,发现并解决教学实践中的问题,实现自我提高。同时,实施绩效工资制度的最终环节是绩效反馈与改进,通过绩效考核结果反馈教师工作的优势与不足,促使其反思自身的教育教学服务,从内心深处认识到提升自身工作水平与综合素质的必要性,为其长期从教、终身从教积累经验。

三、教师绩效工资的特点

(一)争议性

教师绩效水平的高低不仅取决于教师个体的努力程度和个人业务能力,还取决于教师之间的业绩比较。当教师间的绩效工资发生差异,教师个体之间会就彼此的付出和所得进行比较,结果必然有一部分教师觉得自己的绩效工资过低,感觉不公平,教师之间

的紧张状态会因此而形成。尽管绩效工资具有高绩效的特征,但也容易造成员工的争议和不满。

（二）潜在风险性

人力资源相关研究认为,不论员工在组织中的工作层次高低,也不论其所挣得的工资是多少,只要员工的绩效确实能够得到经济回报,绩效工资制度就能成为一种激励手段。但绩效工资制度是否真正成为一种激励手段,不仅要看绩效是否得到回报,还要看得到回报的绩效是否符合组织的期望。当绩效工资的效果与组织期望强化的员工绩效相一致时,绩效工资被认为真正发挥了应有的激励作用。如果学校管理层不能对教师的工作绩效进行客观、公正的评价,绩效工资就不可能提高教师的工作积极性。而绩效考评方式对学校绩效工资改革的有效性具有决定性作用,绩效考评方式不合理、不恰当会导致绩效工资流于形式,甚至起反作用。因此,绩效工资制度存在潜在的风险。

（三）绩效工资是一种高激励的报酬制度

实施教师绩效工资制度的直接目的是调动教师的积极性,激励教师努力工作,提高工作质量和效果。绩效工资只与教师的业绩挂钩,与教师的资历、学历和职称等因素无关,是对教师工作按质论价的工资类型。它将教师的工资水平、工作质量及学校对教师工作行为期望联系在一起,具有相互加强作用,既有利于教师不断改进工作、提高绩效,又有利于学校期望目标的顺利实现。

四、实施绩效工资应遵循的原则

（一）公平性

公平性是实施绩效工资应遵循的基本原则。亚当斯在对员工工作积极性与薪酬分配关系的研究中提出著名的公平理论。该理论认为,相对薪酬的高低,员工更关心自己在组织中所获得的报酬是否公平。这种公平程度不是与自己的过去比较,而是与组织内员工或社会比较的结果，即人们将自己的付出和所得与单位同事或不同单位相同工作的人员进行横向比较，然后做出一种判断。如果个体觉得不公平，他们的积极性将会受到不同程度的影响，进而会采取各自的方式来平衡公平，最后会影响组织的绩效，对组织发展不利。而我们通常认为"一个人对自己取得报酬的满意度是取得报酬数量的函数"，这一函数的成立是以报酬的公平性为前提的。

这就告诉我们，教师绩效工资制度必须要建立在公平的基础上，特别要重视其对学校内部教师的公平感的影响。在一所学校内部，如果某个岗位的教师或部分教师对奖励性绩效工资的条款不满意，内心有严重的不公平感，可能会很大程度上影响教师工作的积极性，甚至导致教师士气不如之前，产生消极情绪。对教师绩效工资的公平性可以从两个方面来把握，一是做到程序公平，即学校要在与教师及相关的人员反复沟通，综合吸收各层次、各类型教师的意见的基础上，形成绩效工资制度和教师绩效考核方案，并在教代会上表决通过；二是努力做到结果公平，即教师实际获得的奖励性工资与自己的投入及同事之间相比感觉公平，没有或基本没有心理落差。

（二）实效性

实施教师绩效工资制度不是管理上的赶时髦，而是要实实在在地解决一些问题。构建教师绩效工资制度是否能有效地解决教育管理中存在的长期未能解决的问题，也即绩效的有效性，需要在实践中接受检验。教师绩效奖励工资制度的建立是否能吸引优秀人才加入到教师队伍中；是否提高了教师工作的积极性、主动性和创造性；是否改善了教师工作的氛围，形成了更加和谐的工作环境；是否有利于形成更加有凝聚力的教学和科研团队；是否能促进学校发展战略的有效落实等都是体现有效性的因素。教育主管部门和学校在设计绩效工资方案时必须要有足够的认识。

为了提高绩效工资的实效性，学校需要对以下几个方面的问题加以关注：

（1）需要分析学校发展的远期和近期目标。分析学校的发展目标，明确学校需要什么样的教师，需要倡导什么样的教师行为，并将这些要求与教师的绩效考核和薪酬计划结合起来加以落实，充分发挥绩效工资对教师行为的导向作用，有效促进学校目标的实现。

（2）正确处理个人与团队的关系。很多学校只重视个人绩效激励，忽视了团队绩效激励。学校对教师个人的业绩进行针对性的奖励，拉大了教师之间的收入差异，提高了教师的竞争意识和工作积极性，但也造成教师之间的合作发展失去动力，甚至带来阻力。教育是一项相互协作、和谐发展的事业，不是个体承包，也不提倡各自为政的个人英雄主义，合作互助是学校开展教育的手段，也是学校教育的精神，因此要通过团队绩效考核和奖励，形成教师间合作互助、相互支持的工作氛围。只有将个人绩效与团队绩效相结合，才是设计绩效工资方案最好的出路。

（3）绩效工资不是绩效管理的全部。在人力资源管理中，薪酬管理只是其中的小部分，薪酬制度也不是独立发挥作用的。而教师绩效工资制度是整个学校管理制度的有机组成，不能指望绩效工资制度能解决造成学校管理效率低下的所有问题，应客观看待它的价值，并发挥其应有的作用。一所学校没有必要的教师培训机制，没有良好的校园组织文化，没有以人为本的管理理念，没有多样化的教育目标，那么绩效工资的价值和作用很难充分发挥。

（三）特殊性

实施教师绩效制度需充分认识教师劳动的特殊性。教师的工作是教书育人，其工作对象是活生生的人，其工作性质是培育人，其工作目标是提升人的素质，这就决定了教师工作的特殊性：（1）教育效果的延迟性。教师对学生的培养不是一朝一夕的工夫，自

古有“十年树木、百年树人”的古训,如何能要求教师在短短的几个月或一年时间内就要对受教育者的素质改变负责呢?如何能要求教师付出的辛劳立马在他的学生身上见效呢?(2)教师的工作结果在数量和质量上都具有模糊性。(3)教师行业与其他行业不同,教师的教育效果最终是通过他的劳动对象——学生来体现的,而学生的表现又会受到多种因素的影响,如学校条件、社会环境、家庭氛围、学生本身的素质及教师团队的影响等,不单单是某个教师教育力的结果。因此,如何给教师的绩效评分显得非常困难。

第二章　教师工资政策变迁与绩效工资政策分析

第一节　教师工资政策变迁的历程

长期以来,教师工资制度始终是我国推进教育改革发展与加强教师队伍建设所关注的重要议题,直接关系到广大教师的实际工作状态与生活水平,关系到教师队伍的稳定。新中国成立至今,义务教育阶段教师①工资制度主要经历了 1956 年、1985 年、1993 年和 2006 年 4 次大幅调整,经历了从供给制与工资制并存,到职务等级工资制,到结构工资制,再到专业技术等级工资制,直至岗位绩效工资制的改革轨迹。

一、从供给制与工资制并存的分配制度调整为职务等级工资制(1956 年)

新中国成立初期,我国对国家工作人员实施的是工资工分制、工资供给制等多种工资形式并存的工资制度,实物是工资的基本计算单位。中小学教师作为国家事业单位工作人员,接受与机关事业单位及企业职工基本相同的分配制度。1955 年,国内经济形势持续好转,物价基本稳定,人民生活水平有所提高,但仍未有全

---

① 1986 年 4 月我国正式颁布《中华人民共和国义务教育法》,首次把免费的义务的教育以法律形式固定下来,规定适龄的“儿童和少年”必须接受 9 年的义务教育。因此本文中提到的义务教育阶段在新中国成立后至 1986 年之前即指代中小学,这一时期的义务教育阶段教师即指代中小学教师。

国统一的工资等级体系，并行的工资标准种类繁多、规则不一，供给制越来越不适应人们实际的生活要求。

1955 年下半年，我国决定取消工分计酬，在国家机关及事业单位首先实行货币工资制，并提高工资额。1956 年，我国在国家机关和事业单位工作人员中实行职务等级工资制，同年 7 月，教育部据此工资制度发布《关于 1956 年全国普通教育、师范教育事业工资改革的指示》，取消了教师工资供给制，统一全国教师工资制度，实行货币工资制。出于对区域差异的考虑，改革还将全国划分为 11 类工资区，同时引入津贴来平衡区域间工资差距。在中小学学校，教职员工被分为教师和行政人员两大类，分别执行不同的工资等级标准，教师执行 10 个等级，行政人员执行 15 个等级。此外，国务院、教育部等相关部门还根据中小学教师的思想政治条件、教龄、资历、工作质量和数量等条件，在增加工资的基础上，重新评定级别，提高教师的最高、最低工资标准，减少等级，加大级差，使工资与职务等级挂钩，以克服平均主义为突破口，尽可能寻求效率性与公正性的统一，强化工资的激励作用，调动教师的工作积极性。

这次改革缓解了以往教师工资增长与劳动率提升之间的不协调，很大程度上体现了按劳分配的原则。职务等级工资制实施后，我国教师的收入水平有了明显提高，生活水平得到改善，教师的社会地位也得以稳固。作为新中国成立后第一个较为科学、完善的教师工资制度，这次改革奠定了职务在教师工资制度中的地位，影响深远，等级工资制作为教师工资分配的基本形式，在以后的历次改革中得以保留，津贴的作用和功效也不断被强化。

二、从单一的职务等级工资制调整为以职务工资为主的结构工资制（1985 年）

在 1956 年之后的很长一段时间内职务等级工资制得到继续

实行，但随着国家政治经济体制改革的全面推进和社会的不断发展，其局限和弊端也日益凸显。其一，由于制定的工资标准过细，指标较为复杂，等级工资制在实施过程中的可操作性较差；其二，在工资分配上尚未完全摆脱平均主义的束缚，甚至出现职务与等级不符、劳酬脱节的情况，过分注重“公平优先”，导致工资制度缺乏相应的弹性，长期下去容易挫伤教师的工作积极性与创造性。1985 年，正值我国经济体制改革和教育体制改革的高潮，单一的职务等级工资制“低、平、乱、死”的种种弊端已不能再适应经济、教育发展的步伐，迫于历史条件的限制，教师工资制度面临新一轮改革。

1985 年 1 月，中共中央书记处会议着手讨论教育体制改革的相关问题。1985 年 5 月，邓小平同志在全国教育工作会议上发表题为《把教育工作认真抓起来》的讲话，为教育领域的系列改革做了重要铺垫。1985 年 6 月，中共中央、国务院下达了《关于国家机关和事业单位工作人员工资制度问题的通知》，要求普通中小学自同年 7 月 1 日起执行以职务工资为主要内容的结构工资制。新工资制度由基础工资、职务工资、工龄津贴和奖励工资 4 部分构成。基础工资主要用来保障教师本人及一定赡养人口的基本生活需求，根据基本生活成本的高低适当调整，保证教师基本生活水平稳定；职务工资按照教师担任的职务规定工资标准，不同职务对应不同的工资标准，同一职务内部又分若干档次，职务工资体现教师的职务高低、责任轻重和工作难易；工龄工资体现教师的积累贡献，这里假设随着年龄的增长，教师的能力、资历、经验和贡献也会相应增长；奖励工资体现教师贡献，根据定期考勤考核结果发放。

此次改革在一定程度上解开了旧制度中工资分配的平均主义的束缚，将职务工资、工龄津贴和奖励工资与教师本人的工作实绩、所担责任及教龄较好地结合在一起，开始体现公平与效率的兼顾，更符合按劳分配原则，有利于提升教师的工作热情，鼓励教师

长期从教。改革还打破了旧制度留存的论资排辈的落后观念,缓解了原先出现的职级不符情况,有利于提升教师的自身满意度;克服了旧制度中工资标准过细过多的诟病,简化统一了工资标准,为之后逐步理顺工资关系打下了基础。此外,结构工资制还首次实现了事业单位工资制度与企业单位工资制度的分离,开始探索建立符合事业单位行业特点的工资制度和管理模式,事业单位工资制度独立出国家机关,为建立独立的教师工资制度埋下重要伏笔。

结构工资制使得中小学教师工资制度向前迈进了一大步,但仍存在一些缺陷。首先,教师的工资待遇虽然得到不同程度的改善,但工资制度还未能形成合理完善的工资调控机制与正常的增长机制,教师工资水平上升趋势不明显,基本没什么变化,尤其是改革开放后,随着我国经济发展的突飞猛进,国民收入水平大幅度提高,相比同期企业职工,教师的工资收入仍然低很多,“脑体倒挂”①的矛盾没有从根本上得到解决。此外,1985 年规定的基础工资标准已远远落后于物价上涨水平,难以保障教师的基本生活所需,这反映了教师工资改革尚未真正形成与劳动生产率提高和国民收入上涨的有机联系。为此,国家施行了一些提升教师工资水平的举措,国务院、劳动人事部和国家教委分别于 1987 年和 1988 年制定下发了《关于提高中小学教师工资待遇的通知》和《提高中小学教师工资标准的实施办法》,提出将中小学教师工资的各级工资标准(基础工资、职务工资之和)提高 10%,也可以在不超过工资标准提高 10% 的增资范围内,将增资总额的大部分用于提高工资标准,小部分用于调整中学教师内部的工资关系。其次,结构工资制以职务工资为主,顾名思义,是通过职务、资历来衡量教师的劳动成果,在工资评定标准和考核方式中存在着“官本位”倾向的

① 脑体倒挂指相同工作时间内脑力劳动者的报酬低于或等于体力劳动者取得的报酬数量。

隐患，不利于教师队伍的健康成长发展。再次，工资分配上的平均主义虽然受到打压，但“大锅饭”现象仍旧存在，如结构工资中奖励工资部分的分配本意是奖优惩劣，形成激励机制，但在实际操作中有很多学校还是将工资总额平均分发给每一位教师，考核往往流于形式，其激励功效难以真正发挥。此外，此次的教师工资制度仍是参照国家机关和事业单位的工作性质制定的，未能充分考虑教师职业、劳动的特殊性，没能体现教育事业的自身特点。

三、从结构工资制调整为专业技术等级工资制(1993 年)

随着改革开放的步伐不断向前迈进，我国在收入分配领域的改革也逐步深入，为了适应新时期政治经济体制改革和教育发展的现实需要，国家对义务教育学校教师工资进行了第三次改革。

1993 年 10 月，我国颁布了《中华人民共和国教师法》，其中涉及教师薪资待遇的法规包括：第二十五条“教师的平均工资水平应当不低于或者高于国家公务员的平均工资水平，并逐步提高；建立正常的晋级增资制度，具体办法由国务院规定”；第二十六条“中小学教师和职业学校教师享受教龄津贴和其他津贴”。《中华人民共和国教师法》以立法的形式为教师工资制度的改革奠定了法律基础，提供了坚实有力的法律保障。同年 11 月，中共中央第十四届三中全会上通过了《关于建立社会主义市场经济体制若干问题的决定》，提出社会主义市场经济体制下分配体制的框架，在公平和效率的关系上，首次提出“效率优先、兼顾公平”的原则；并决定个人收入分配坚持以按劳分配为主体、多种分配方式并存的制度；在市场经济条件下，劳动者的个人劳动报酬要引入竞争机制，打破平均主义，实行多劳多得，合理拉开差距。随后不久，中共中央、国务院又制定了《关于机关和事业单位工作人员工资制度改革问题的通知》，并附有《事业单位工作人员工资制度改革方案》，政策规定根据行业工作性质和特点，教育行业实行专业技术职务等级工资制。

改革后的教师工资由技术等级工资和津贴工资构成，这两个部分分别与工作职务的高低和实际工作量的大小紧密挂钩。其中，前者为固定工资，占工资总额的70%，主要体现教师的工作能力、承担责任、职业贡献、劳动的繁复程度等，定期升级；后者则是新工资制度中较为灵活的部分，占工资总额的30%，综合教师的岗位特点、工作实绩、劳动数量与质量情况，贯彻“多劳多得、少劳少得、不劳不得”的原则，体现社会主义市场经济体制下新的收入分配精神，引入激励竞争机制，依据考核结果发放。在内容上，津贴工资主要体现为课时津贴，同时保留原有教师工资制度中的教龄津贴、班主任津贴、特殊教育补贴等，取消旧的工资区类别制度，以新的部分地区津贴制度代替，国家对津贴总额进行控制并制定分配的指导性意见。

第三次教师工资改革的主要贡献在于首次将教师工资制度与国家机关工资制度独立开来，开始探索建立符合教师职业特点的工资制度。这次改革重视制度化建设，确立了定期升级增资制度，设立奖励制度、津贴制度、新的工资管理体制及赴艰苦地区从教的鼓励性政策等，在实现教师工资水平大幅提高的同时，鼓励能者多劳、优质优酬，进一步强化了工资的激励机制。此外，新的工资构成中占比30%的津贴工资，给中小学学校下放了一定的工资分配自主权，一定程度上也促进了学校对教师的管理，激发了学校的活力。

但是也应看到，改革在具体实施过程中仍有不足之处，例如，专业技术职务等级工资制规定每位教师每两年均可晋升一个工资级别，除特殊情况外，一般教师都能达到这一要求，但由于缺乏相应的选拔机制，长此以往，又将失去了工资的晋升激励功用；再如，我国在经济发展中的区域不平衡状况日渐加剧，而国家基础教育的经费主要由县级财政承担，区域财政支付能力严重不均，在这样的背景下，教师工资分配上也出现了新的不公平，主要表现为地区间教师工资水平的差距进一步拉大。

四、从专业技术职务等级工资制调整为由岗位工资、薪级工资、绩效工资和津贴补贴四部分构成的岗位绩效工资制（2006 年）

2006 年 6 月，根据党中央推进收入分配制度改革、规范收入分配秩序的精神，财政部协同人事部发布了《事业单位工作人员收入分配制度改革方案》。在此基础上，教育部、财政部、人事部于同年 10 月联合制定并发布了《中小学贯彻〈事业单位工作人员收入分配制度改革方案〉的实施意见》（以下简称《意见》）。《意见》规定，中小学实行岗位绩效工资制度，岗位绩效工资由岗位工资、薪级工资、绩效工资和津贴补贴 4 部分构成。岗位工资体现岗位职责，要求教职工按聘用的岗位执行相应的岗位工资标准；薪级工资主要体现工作表现和资历；绩效工资体现工作实绩和贡献；津贴补贴主要是对艰苦边远地区的教师和特殊岗位教师的补贴。中小学教师的各种津贴补贴继续实行。这 4 部分中，岗位工资和薪级工资统称为基本工资，按国家统一的政策和标准执行，后两部分由国家实行总量调控和政策指导，各学校按照规范的程序和要求自主分配。《意见》还明确了薪级工资正常调整的办法，规定从 2006 年 7 月 1 日起，对年度考核结果为合格及以上等级的中小学教职工每年增加一级薪级工资，并从第二年 1 月起执行。《意见》同时还规定，国家根据社会、经济、地区差异等方面的因素变化，适时对教师的基本工资标准和津贴补贴标准进行调整。此外，这次改革更加细分了工资管理的对象，首次关注到中小学主要校领导的收入分配问题。《意见》指出，中小学主要校领导的绩效工资，由上级主管部门根据学校的收入分配方案和考核情况，在统筹平衡的基础上确定。对在实施素质教育、提高办学水平、改变薄弱学校面貌等方面做出突出贡献的校长，在收入分配上给予适当倾斜。

值得一提的是,2006 年也是我国颁布并实行新版《中华人民共和国义务教育法》的一年。新版《中华人民共和国义务教育法》规定:"各级人民政府保障教师工资福利和社会保险待遇,改善教师工作和生活条件;完善农村教师工资经费保障机制。教师的平均工资水平应当不低于当地公务员的平均工资水平。特殊教育教师享有特殊岗位补助津贴。在民族地区和边远贫困地区工作的教师享有艰苦贫困地区补助津贴。"这些规定,从法律上为教师工资制度改革的顺利进行保驾护航。

21 世纪的这次工资改革,在兼顾效率与公平的基础上,更加注重社会公平,将着力点更多放在收入再分配环节,加大中央至地方的财政支持力度,努力形成与社会经济动态发展相协调的教师收入分配制度及工资增长机制。

回顾历史,新中国成立后的 4 次义务教育阶段教师工资制度改革为我们留下了丰富的经验和教训,也为后续的教师工资体制改进和创新留下了宽广的思考空间。历次改革都推动了教师工资水平的提高和教师社会地位的巩固提升,为教师群体和教育行业赢得了应有的尊重。改革也推进了教师工资的制度化,通过科学合理的制度来规范教师工资分配秩序,发挥工资的保障和激励功能,建立起符合教师职业特征和劳动特殊性的工资分配机制,以最大限度地调动教师工作的积极性,促进教育事业的持久健康发展。在改革进程中,我国逐步建立起包括岗位工资制度、津贴制度、晋级增资制度、考核制度、退休保险金制度等在内的独立的教师工资制度,努力构建科学合理、公平公正的教师收入分配体系,并且在工资管理形式上逐渐由集中统一转变为宏观调控。不仅如此,在近半个世纪的探索中,我国也非常关注运用法制化的规范来平衡教育内外部各要素之间的矛盾,有序协调各类关系。自 20 世纪 80 年代以来,国家陆续颁布了《中华人民共和国义务教育法》《中华人民共和国教育法》《中华人民共和国教师法》《中国教育发展纲要》等一系列相关法规政策，从法制上规范教师收入分配秩序，保障教师工资制度改革的顺利进行。在肯定历次改革显著成绩的同时，也应承认，义务教育阶段教师工资状况仍有一些问题未能根治。比如“教师的平均工资水平不低于当地公务员的平均工资水平”的规定在很多地区未得到真正落实，教师工资水平仍然偏低，且教师收入水平长期存在着区域差异、城乡差异、外部与其他行业相比的差异、内部校际差异等，不利于教师队伍的稳定；再如，教师激励机制的不健全所导致的教师工作积极性不高甚至职业倦怠等。综上所述，义务教育阶段教师工资制度的完善是一个渐进、系统的工程，绝非一蹴而就的，我们已经走过了不少岁月，还需做好准备，之后会经历更长时间的改进与考验。

第二节　我国义务教育阶段教师绩效工资政策探析

岗位绩效工资制实施两年后，党中央、国务院再次做出重大决策，明确在义务教育学校实施绩效工资。

一、政策的内容要点

2008 年 12 月 21 日，国务院常务会议原则上通过了《关于义务教育学校实施绩效工资的指导意见》（以下简称《指导意见》），决定义务教育学校正式工作人员按国家规定执行事业单位岗位绩效工资制度，从 2009 年 1 月 1 日起实施。

首先，在绩效工资总量和水平的核定上，《指导意见》提出“在人事、财政部门核定的绩效工资总量内，学校主管部门具体核定学校绩效工资总量时，要合理统筹，逐步实现同一县级行政区域义务教育学校绩效工资水平大体平衡。对农村学校特别是条件艰苦的学校要给予适当倾斜”。表明以政策促进教育均衡发展，尤其是城乡义务教育均衡发展的用意，有利于教师资源的合理配置及正常

流动,为推进义务教育学校人事制度改革奠定了基础。

《指导意见》的第二部分指出:“在绩效工资的分配上,绩效工资分为基础性工资和奖励性工资两部分,二者各自占比 70% 和 30% 。基础性绩效工资主要体现地区经济发展水平、物价水平、岗位职责等因素,具体项目和标准由县级以上人民政府人事、财政、教育部门确定,一般按月发放。奖励性绩效工资主要体现工作量和实际贡献等因素,在考核的基础上,由学校确定分配方式和办法。”为促进义务教育学校的分配激励机制的建立,《指导意见》还指出:“要充分发挥绩效工资分配的激励导向作用,教育部门要制定绩效考核办法,加强对学校内部考核的指导。学校要完善内部考核制度,根据教师、管理、工勤技能等岗位的不同特点,实行分类考核。根据考核结果,在分配中坚持多劳多得,优绩优酬,重点向一线教师、骨干教师和做出突出成绩的其他工作人员倾斜。”同时,《指导意见》旨在进一步健全教师工资的经费管理机制,规定:“义务教育学校实施绩效工资所需经费,纳入财政预算,按照以县为主、省级统筹、中央适当支持的原则,确保义务教育学校实施绩效工资所需资金落实到位。”在当时全球金融危机四伏、国内经济形势面临诸多困难的局势下,这一规定要求依靠各级财政部门的通力配合积极筹措财政经费,力保义务教育学校教师绩效工资的按时足额兑现,以利于教师全身心地投入教育工作,稳定师心。

在学校内部,《指导意见》也明确了若干条规范学校财务管理制度的规定,包括“严格执行国务院关于免除义务教育阶段学生学杂费等费用的规定,严禁‘一边免费、一边乱收费’。学校的国有资产实行统一管理,学校各类非税收入一律按照国家规定上缴同级财政,严格实行‘收支两条线’。严禁利用收费收入和公用经费自行发放津贴补贴”。“学校绩效工资应专款专用,分账核算。绩效工资应以银行卡的形式发放,原则上不得发放现金。具体发放方式按地方财政国库管理制度有关规定执行。”“实施绩效工资

后,学校不得在核定的绩效工资总量外自行发放任何津贴补贴或奖金,不得违反规定的程序和办法进行分配。”由此可见,此次颁布的政策,加强了对绩效工资实施中具体框架问题的研究和解决,将义务教育学校教师实施绩效工资政策同深化学校内部人事制度改革、加强学校财务管理、规范学校收费行为和完善义务教育经费保障机制等紧密结合,为政策的切实推行做好铺垫。

绩效考核是绩效工资制度的核心,为了推进义务教育学校教师绩效工资制度的顺利实施,2008 年 12 月 31 日,教育部下发了《关于做好义务教育学校教师绩效考核工作的指导意见》(以下简称为《意见》),对下级部门单位如何开展教师绩效考核工作给出了更为细化的参考。

《意见》要求:“以邓小平理论和‘三个代表’重要思想为指导,深入贯彻落实科学发展观,全面贯彻党的教育方针,以服务和促进义务教育的科学发展为目标,以提高教师队伍素质为核心,以促进教师绩效为导向,着力构建符合教育教学和教师成长规律、导向明确、标准科学、体系完善的教师绩效考核评价制度。”

关于绩效考核的主要内容,《意见》也做了明确说明:重点考核教师履行《中华人民共和国教育法》《中华人民共和国义务教育法》《中华人民共和国教师法》等法律法规规定的教师法定职责,以及履行学校规定的岗位职责和完成工作任务的实绩,具体包括如下几个方面:

(1) 师德方面,主要考核教师遵守《中小学教师职业道德规范》的情况,特别是为人师表、爱岗敬业、关爱学生的情况。

(2) 教育教学方面,主要考核教师从事德育、教学、教育教学研究及教师专业发展等情况。

① 结合所教学科的特点,考核教师在课堂教学中实施德育的情况。

② 教学工作上,重点考核教师的工作态度和工作业绩,涵盖

教学准备、教学实施、教学工作量、教学效果及组织课外实践活动和参与教学管理等的情况。其中,对教学效果的考核,《意见》特别强调不得把升学率作为考核指标,而主要以完成国家规定的教学目标、学生达到基本教育质量要求为依据,以引导教师平等关爱每一位学生,尤其是学习上有困难或品行上有偏差的学生。

③ 教育教学研究工作上,重点考核教师对教学研究活动的参与。

④ 教师专业发展上,主要考核教师拓展专业知识、提高教育教学能力的情况。

(3) 班主任工作方面。班主任是义务教育学校教育教学工作中的重要人员,对此类教师的考核,集中在其对学生的教育引导、班级管理、组织班集体和团队活动、关注每个学生全面发展的各个方面。

总体而言,教师绩效工资考核体系的建立应符合全面实施素质教育的要求,充分体现考核指标的激励性与约束性的有机统一。考核内容中应包含教师的职业道德、教学效果、关爱后进学生的情况等,目的在于改变过去单一以学生升学率、考试成绩来评价奖惩教师的不合理现象,正确发挥绩效考核对教师的激励导向作用。

二、政策的导向

(一) 公平与效率相结合,注重公平

义务教育阶段教师绩效工资政策强调教师的工资分配以工作实绩和贡献为主要依据,而非学历和职称,体现了公平性。公平不是指完全的平均分配,而是从工作量和工作完成质量、贡献率方面进行考核。教师完成了学校规定的教育教学工作,履行了基本的岗位职责,则考核结果达标,可以领到基础性绩效工资,这是内部公平的体现。但绩效工资绝非合格教师领取同等报酬的平均分配方案,而是采取多劳多得、优绩优酬的公平原则,对一线教师、骨干

教师及班主任等有杰出贡献的教师适度倾斜，发放占绩效工资总额30%的奖励性绩效工资，适当拉开教师间的收入差距，激励教师更加积极地工作，这是效率的体现。此外，在教师绩效的考核过程中，营造民主、公平的氛围，给予参评人员尤其是教师合理的参与权、表达权和申诉权，也是教师绩效工资制度内部公平的体现。综上所述，仅注重公平会导致教师安于平庸，无法调动教师的积极性；仅注重效率，容易在教师之间形成恶性竞争，损害教师的团队合作与融洽。义务教育教师绩效工资政策改革将公平理念融入实施的各个环节，要求兼顾公平与效率，在两者关系的动态调整中找到最佳结合点。

（二）注重教师专业发展

此次的教师绩效工资政策改变了以往以甄选和奖惩为导向的工资政策导向，采用定性与定量相结合的方法，将教师的工作情况与综合能力均纳入绩效考核范围，引导教师以可持续发展的眼光看待问题，不断适应时代需要，主动更新教育观念，及时补充专业基础知识，自觉提高专业素养，尝试现代化、多样化的教学方法，发现并解决教学实践中的问题，实现自我提高。同时，实施绩效工资制度的最终环节是绩效反馈与改进，通过绩效考核结果反映教师工作的优点与不足，促使其反思自身的教育教学服务，从内心深处认识到提升自身工作水平与综合素质的必要性，为长期从教、终身从教积累经验。

（三）以人为本，尊重教师的主体地位

教师是教学活动的主体，是学校教育教学质量的保证。然而过去的师资管理只是目标管理，更强调学校对教师的静态控制，对教师的主体地位关注较少。实际上，教师不仅仅是理性经济人，也是需要自我实现的个体，教师的需求不仅局限于物质层面，还包括精神层面。此次义务教育教师绩效工资改革把以人为本、以教师为中心摆在突出位置，引导教育管理者认清教师的主体地位，尊重

教师，满足教师的合理需求，营造和谐融洽的沟通氛围，充分调动教师的创造性，以促进教师持续稳定的专业发展为最终目标。

三、教师绩效工资政策可能带来的负面影响

教师绩效工资制是以教师的工作绩效为依据的劳动分配制度，是调动教师工作积极性的有效机制。但是从负面看，教师绩效工资制度也容易被理解为以货币标尺衡量教师工作成果的分配方式。而以货币为标尺度量教师工作绩效，会带来一些负面的影响①。

（一）教师绩效的数量化度量方式忽略了教师工作品质的差异

教师工作绩效一般应包括结果性绩效和过程性绩效（过程性绩效又称为行为绩效）。结果性绩效是用教师的工作结果，如教师从事教育教学工作的效果、教学成绩和科研成果等来衡量教师的工作情况。过程性绩效则是指教师工作时间投入的充分性、教学工作量完成的及时性、对待学生的行为态度、与其他教师的合作精神等。但无论是以结果性指标为评估内容，还是将结果性指标与过程性指标结合起来评估，其结果都是将教师工作成果用一个具体的无量纲的纯粹的数值来标识，而这一数值就是教师的绩效。教师工作绩效中的品质差异都为量的差异所取代。教师的绩效工资也是与这数值一一对应的。于是，教师绩效工资将教师的工作品质置于教师工作之外，或者说将教师的工作品质置于同一水平上来比较教师的工作绩效。

我们知道，教师的结果性绩效和过程性绩效中都存在无法量化的因素。在结果性绩效中，学生的成绩是可以量化的，但在学生成绩背后隐含的教师的付出是无法比较的。不同学生的接受能力

---

① 吴全华：《教师绩效工资的潜在影响》，《教育发展研究》，2010 年第 12 期。

和认知基础存在差异，有些学生能举一反三，有些学生即使老师反复讲授，考试成绩也未必好。教师还肩负着对学生进行世界观、人生观和价值观的教育（简称为“三观”教育），以及对学生思想品德的教育，这些教育效果是无法量化和衡量的。因此，学生成绩难以全面反映教师工作的努力程度，教师的绩效也无法全面反映教师的工作品质。

当品质的差异被简化为数值上的区别，就会使教师主观上认为工作品质是可以用货币数量来衡量的，主观上将自己的工作品质差异等同于货币数量的差异，仅仅将工作品质看作是实现其货币价值的工具。如对教师工作品质产生认知上的误区，则教师工作品质的差异最终也就失去了意义。一方面教师工作的所有品质消解在简单的数量关系中，另一方面不同教师之间的工作品质的比较和区分变得不再必要。货币数量关系的优势地位占了上风，就会使教师重数量而轻质量，教师的注意力更多倾向于货币数量工作上，而不在乎工作的品质差异。所以说，在实施教师绩效工资的过程中，可能会导致仅以货币为标尺度量教师工作绩效而出现教师工作去品质化的现象。

（二）绩效工资可能会导致教育目的与手段的颠倒

教师工作是以教育目的为根本。而实现教育目的的手段有很多，其中货币工资只是各种手段中的一种。教师绩效工资制度，在一定程度上仅是以货币来度量教师的工作绩效，容易把货币演化成教师工作的目的，而本来的教育目的则演化成教师获得货币的手段。

相对于绩效工资制度，我们把以前的工资制度统称为非绩效工资制度。以非绩效的方式来分配教师的工资或教师的薪酬，没有在酬金与教师的劳动成果之间形成客观的对等性，薪酬的作用是满足教师生存和生活的基本保障，使得教师获得与其社会地位相称的生活质量，获得与其社会地位相应的职业尊严，从而为教师

自觉履行职业责任、信守职业道德良知提供条件。实施非绩效工资制度，不等于教师的工作没有绩效，而是将工资与教师绩效之间的关系变为背景与舞台的关系，工资成为教师工作的背景性因素，是教师生存的手段，教育目的才是教师工作的舞台，是教师工作的根本，它也在调节着教师的行为，孕育着教师工作的绩效。

而绩效工资是对教师的劳动成果按比例地偿付。以货币的形式衡量教师的工作绩效，会使教师将其工作绩效与货币数量之间形成一一对应关系，也是一种严格意义上的因果关系。这种严格意义上的因果关系改变了工资与教育目的在教师职业生活中的位置关系。非绩效制度的工资安排，是在劳动投入之间就已经确定的，无须考虑工资的多少，要考虑的是劳动投入与实现教育目的之间的关系，工资只是教师实现教育目的的手段，或者说是教师获得绩效的间接手段。而绩效工资制度则不同，绩效标准的引导作用使得教师总是算计劳动投入与绩效工资的关系，货币成为教师关注的核心，由以前的手段变成了现在的目的，以前的教育目的自然就排在现在的工资目的之下位。此时，教师的过程性绩效行为均成为获取货币性绩效目的的手段，结果性绩效也没有独立存在的意义，降低为获取货币的手段。也就是说教育目的手段化了，而作为手段的货币却目的化了。教师将劳动投入与一定量的货币看作是可以相互交换的物，视为像商品一样的货币等价物，在交换的过程中教师的教育人格消弭、市场人格突显，工作变成经营，工资变成市场价格，教师自然人就成了可以估价的“客观物品”，并意欲通过货币来表现它的价值。尽管货币的目的化也能提高教师的工作积极性，提高教师工作的效果，但使教师的人格和精神产生严重的扭曲，教师的职业生活被物化，与教育的价值观严重背离。

（三）教师职责被“标价”可能削弱教师职业中的“纯粹利他行为”

实行教师绩效工资制的直接目的是调动教师的积极性，进而

提高育人质量。其背景是目前教师的工作积极性不高或不太高，教师的劳动收入总体上与提高育人质量之间不完全匹配。原因是之前的分配体制是一种“大锅饭”体制，吃“大锅饭”把教师吃懒了，使其工作积极性缺失。实行“多劳多得”的绩效工资制度，教师积极性提高，就会按照学校的要求付出。其假设前提是：与其他人一样，“教师是逐利的”“教师是利己的”，因为利己是人的本性。这一点其实无可厚非，教师作为一个社会人，利己性是其作为社会人的一个侧面，在逐利过程中教师能够发挥更高程度的劳动积极性，可以增强学校对教师行为的预见性和减少学校的管理难度。但是，单纯地将教师的教育行为界定为逐利的行为、利己的行为是片面的，因此，将教师的工资采用绩效工资的方式制定，完全以货币来衡量教师的绩效，其激励作用也是有限的。

教师作为社会人有利己的一面，但教师这一职业的本性是纯粹利他的。人们常说教师是人类灵魂的工程师，是阳光下最崇高的职业，教师是蜡烛、是铺路石、是园丁，这些比喻尽管只是对教师的歌颂，但也反映了教师确实是一个需要奉献的职业。长期以来人们一直强调教师专业的奉献精神，是因为没有奉献精神就不符合教师专业品质所规定的师德要求，也不符合教师专业作为职业的要求，一个没有奉献精神的教师难以胜任教育工作。我国的中小学教师总体上都是奉献的，只是具体到不同的教师其奉献程度不同而已。因此，做教师是一个“良心工作”，教师凭借这样的“良心”、凭着对教育的理解和对事业的责任感默默奉献在教育一线，尽管很多时候所得与付出不成比例，但也坚守着自己的本职岗位。教师行为的利他性远远超过了利己性，教师的纯粹利他行为在职业行为中起主导作用。

绩效工资制度以货币度量教师的工作业绩，并分配相应的绩效工资，而将没法标价，也不能标价的由道德良知驱动的纯粹利他行为搁置一边，对教师纯粹利他行为基本没有考量，甚至在很大程

度上排斥教师的纯粹利他行为。其结果导致,一方面教师的利他行为逐渐发生改变,变为利己行为;另一方面,教师的纯粹利他行为出现时可能带有清楚的算计性,会使得教师对本来不能进行理性算计的利他行为掺进货币色彩,使教师抛弃或抑制那些无法硬性规定的由道德良知驱策的纯粹利他行为,其目的是为了降低“付出的成本”,提高“工作效益”。可怕的是,久而久之,这种算计会变成教师的性情倾向。在这种性情的习染下,教师就成为斤斤计较的纯粹利己主义者,教师的职业精神会逐渐消弭,道德良知逐渐消退,这显然不利于教师队伍素质的提高。

第三章　义务教育学校教师绩效工资政策实施现状

第一节　义务教育学校教师绩效工资政策实施背景

我国经济和社会快速发展，对人才的需求十分迫切，对人的素质的要求越来越高。要把拥有13亿人的人口大国转变成人力资源强国，必须有一批高素质的教师队伍；要把优秀的人才留在教育行业，首先需要把教师职业打造成具有吸引力的职业。但是，我国义务教育阶段教师工资偏低，城乡学校教师待遇相差仍较大。特别是在一些贫困的农村地区，教学条件差，教师待遇低，师资流失严重，教师队伍不稳定。农村地区学校难以吸引优秀人才，制约了农村义务教育的发展。

目前我国教师的薪酬主要是按照教龄与职称来确定工资级别的，这种薪酬制度比较呆板，计薪方式单一，工资与付出的努力不相称，教师出色的表现不能得到相应的报酬。在这种工资制度下，一个兢兢业业、教学效果突出的教师并不比工作态度消极怠慢的教师工资多。教师干多干少一个样，干与不干一个样，分配上的平均主义，导致无法激励教师的工作热情，客观上成为"鼓励平庸"的保护伞。所以在义务教育阶段实施绩效工资改革已经是势在必行。

为了吸引各类优秀人才投身教育事业，并鼓励现有教师长期从教，从而促进教育事业的发展，2008年12月，时任国务院总理温家宝主持召开国务院常务会议，审议并原则通过了《关于义务教

育学校实施绩效工资的指导意见》。即从 2009 年 1 月 1 日起,在全国义务教育学校实施绩效工资,确保义务教育学校教师平均工资水平不低于当地公务员平均工资水平,坚持多劳多得、优绩优酬,重点向一线教师、骨干教师和做出突出成绩的其他工作人员倾斜。这是继义务教育全部免除学杂费之后,国家做出的保障义务教育发展的又一重要举措。教育部发布的《关于做好义务教育学校教师绩效考核工作的指导意见》(以下简称《指导意见》)指出,义务教育学校教师的绩效工资分配将以绩效考核结果为主要依据;明确规定,教师绩效考核的内容主要是:教师履行《中华人民共和国义务教育法》《中华人民共和国教师法》《中华人民共和国教育法》等法律法规规定的教师法定职责,以及完成学校规定的岗位职责和工作任务的实绩,包括师德和教育教学、从事班主任工作等方面的实绩。《指导意见》指出,对履行了岗位职责、完成了学校规定的教育教学工作任务的教师,全额发放基础性绩效工资;对有突出表现或做出突出贡献的教师,视不同情况发放奖励性绩效工资;要根据绩效考核结果,合理确定奖励性绩效工资分配等次;坚持向骨干教师和做出突出成绩的教师倾斜,适当拉开分配差距。绩效考核结果也要作为教师资格认定、岗位聘任、职务晋升、培养培训、表彰奖励等工作的重要依据。《指导意见》同时还要求,实施绩效考核工作应遵循以下几个基本原则:第一,以人为本,尊重教育规律,尊重教师的主体地位,充分体现教师教书育人工作的专业性、实践性、长期性特点;第二,以德为先,把师德放在首位,注重教师履行岗位职责的实际表现和贡献,完善绩效考核内容;第三,激励先进,促进发展,鼓励教师全身心投入教书育人工作,引导教师不断提高自身素质和教育教学能力;第四,绩效考核要客观公正、简便易行。在国务院和教育部的文件精神指导下,从 2009 年 1 月起,在全国范围内实施义务教育教师绩效工资改革。

第二节　义务教育学校教师绩效工资政策实施现状

一、政策出台初期的落实情况调研(一年内)①

为了了解这次义务教育教师绩效工资改革的状况,2009 年 7—12 月上海财经大学教育支出绩效评价中心联合全国 13 所高校的几十名师生,组成调查研究课题组,围绕我国义务教育学校教师绩效工资制度改革及其实施过程中的若干问题进行访谈,访谈对象覆盖 25 个省的 77 个县教育局局长和 279 所学校校长。

(一) 义务教育阶段教师绩效工资落实情况

课题组在对 77 个县的访谈中,只有 22 个县表示已根据国家的相关政策在义务教育阶段实施了绩效工资制度;48 个县表示该县在义务教育学校尚未完全实行绩效工资制度。未实施的比例达到 69%。对于已经实施绩效工资制度的县、市,都有具体的实施方案。其中一半县、市的教师绩效工资是按照国务院的规定来执行的,即把绩效工资划分为基础性工资和奖励性工资两部分。基础性绩效工资主要体现地区经济发展水平、物价水平、岗位职责等因素,占绩效工资总量的 70%,具体项目和标准由县级以上人民政府人事、财政、教育部门确定,一般按月发放。奖励性绩效工资主要体现在工作量和实际贡献等方面,在考核的基础上,由学校确定分配方式和办法,占教师工资的 30%。根据实际情况,在绩效工资中设立班主任津贴、岗位津贴、农村学校教师补贴、超课时津贴、教育教学成果奖励等项目。以云南为例,2009 年 8 月云南省发布了《云南省义务教育学校绩效工资实施意见》,按照教师平均

① 赵宏斌,惠祥凤,傅乘波:《我国义务教育教师绩效工资实施的现状研究——基于对 25 个省 77 个县 279 所学校的调查》,《教育理论与实践》,2011 年第 28 期。

工资水平不低于当地公务员平均工资水平的原则,云南省义务教育学校绩效工资分为基础性和奖励性两部分,其中,基础性绩效工资占绩效工资总量的70%,奖励性绩效工资占绩效工资总量的30%,同时校长与学校普通工作人员奖励性绩效工资的比例暂定2.5∶1。另外一半的县,在实施义务教育学校教师绩效工资制度中所采用的方法各不相同,如内蒙古海南区部分学校尝试实施类似积分奖励的制度。具体做法是学校先把教师平均工资基数的20%作为积分奖金,然后对教师日常工作的全过程从德、能、勤、绩4方面进行量化积分,学期末时再按积分高低分为不同档次进行奖励。而山西省夏县的做法是,每月从每位教师的津贴中提取300元作为绩效工资,依据教师在本月内的出勤和业绩来确定发放数额。

(二)实施义务教育绩效工资的意愿

从被调查的77个县的实际情况来看,只有2个县对实施绩效工资的意愿不是很强烈。其中一个县的理由是:通过测算,如果要实施绩效工资,那么部分教师的工资将会比原来的工资低,实际上是降低了部分教师的收入水平,不利于调动教师的工作积极性;另一个县则认为:现行的绩效工资制度是拿出教师工资的津贴部分进行改革,教师工资的"总盘子"并没有增加,结果却造成一些教师的工资比原来低,教师们对这种做法不满。

而愿意实施绩效工资的县的比例高达97%。如此高的意愿与还没实施绩效工资的现状形成了强烈的反差。那么,为什么97%的县愿意实施绩效工资制度呢?实施绩效工资会带来哪些好处呢?通过对77个县教育局局长的访谈和调查发现主要的原因如图3-1所示。

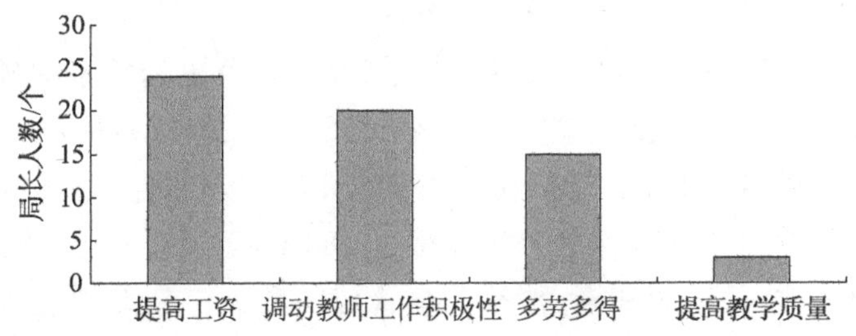

图 3-1　愿意实施绩效工资的原因

从图 3-1 可知,24 位局长认为如果实施绩效工资制度将较大地提高义务教育阶段教师的收入;20 位局长认为绩效工资制度将教师的薪酬收入与个人业绩挂钩,促使教师加大工作投入,激发优秀教师的潜能,可充分调动教师的工作积极性;15 位局长认为实施绩效工资改革更能体现多劳多得、按劳分配的原则。总之,绩效工资的实施可使教师们的工作成绩被充分体现并得到肯定,低职称教师工作业绩好的也能拿高薪,更加体现公平性,教师们将会尽力提高工作绩效,不断提高教学质量。

从对 279 位校长的访谈结果来看,十分愿意实施绩效工资制度的校长的比例高达 93%,而且校长们也认为“提高教师工资待遇、体现多劳多得的收入分配原则、调动教师工作的积极性和提高教学质量”4 个方面是实施绩效工资的主要理由。但是,仍然有 7% 的校长不希望实行这一制度。有的认为教师工资本身就低,如果拿出教师工资的 30% 作为绩效工资,部分教师的工资反而会降低;有的校长认为绩效工资的数额不大,没有多大的激励作用。在教师中,不赞成实行绩效工资制度的多为上了年纪的教师。

从访谈结果来看,一个值得注意的问题是无论是教育局局长或是校长,都“把实施绩效工资制度后能够提高教师工资”看作愿意实施绩效工资制度的首要原因,说明潜意识中他们把实行绩效工资制度和涨工资等同起来了。

（三）绩效工资制度难以实施的原因

义务教育学校教师实施绩效工资制度是我国当前基础教育领域改革的方向，是推动基础教育健康发展的需要，是一项基本国策。尽管多数教育局局长和学校的校长及老师们都赞成这项改革，支持绩效工资制度在义务教育学校的推广，但在实施过程中存在各种各样的困难和阻力，教育主管部门和义务教育学校深感力不从心，瞻前顾后，顾虑重重。一项好的制度和政策，实施起来为什么如此困难呢？难道这项政策没有立足的基础和赖以存在的条件吗？带着这些疑问，课题组在访谈中对教育局局长和学校校长进行了追问，希望探究深层次的原因，总结见以下3点。

（1）53%的县教育局局长认为绩效工资的考核指标难以确定，制约着绩效工资制度的顺利开展。绩效考评指标是义务教育学校绩效工资制度实施的前提和保障，也是义务教育未来发展的指挥棒，具有导向性作用，影响义务教育的未来走向。怎样客观、科学地设计指标体系是关系到义务教育质量和学生身心健康发展的大事。在已经实施绩效工资制度的学校中存在学校绩效考核指标设置单一、不系统，大多只针对教师的显性工作，如课时数、考勤等实际工作量，以及学生的考试成绩，而忽视了一些难以量化的隐性工作，如师德，课堂教学质量，教师的行为对学生的思想引导、品德的熏陶的情况。这样的考核指标难以反映教师工作的效果，不能有效衡量教师工作的绩效，长期下去必然会伤害一部分教师的工作积极性，不仅没能发挥其应有的作用，反而起到相反的作用。因此，绩效指标设置得是否科学、合理是制约绩效评价得以成功的重要因素。

（2）33%的县教育局局长认为县级和地方财政确实存在具体的困难，难以保障绩效工资的实施。长期以来义务教育经费不足是制约义务教育，特别是农村贫困地区义务教育发展的重要因素，当然，其也成为制约义务教育学校教师绩效工资制度实施的瓶颈。

如贵州省的丹凤县和望谟县县教育局回应当前还没有实行绩效工资的原因是因为县级和地方财政难以一次性拿出一定数量的资金支持义务教育学校实施绩效工资制度。江西的吉水县县教育局回应,义务教育学校绩效工资制度制定以后,按照县级为主、省级统筹、中央适当支持的原则,吉水县财政负担相当重,而就该县目前的经济发展状况来看,短期内难以将负担的绩效工资资金到位,这是绩效工资制度未能立即实施的重要原因。

(3) 14%的县教育局局长认为在绩效考核过程中的一些不公平问题还没有解决,很可能会导致矛盾激化,不利于学校的和谐发展。所谓绩效工资,顾名思义就是业绩、效果(效率)工资。也就是说在教学工作中,谁的劳动量大,质量又高,谁就能在分配中享有优先权,获得优酬。这一点从理论上讲是无可非议的,应该是最公平的分配原则。但教师的劳动对象是活生生的人而不是物,这就决定了教师劳动的特殊性,它不像工厂按计件方式计算工人劳动那样看得见、摸得着,简单易行、易操作。教师的劳动成果无论从数量上还是从质量上都具有模糊性、难操作性和可比性。这样,谁拥有确定教师劳动量的权利谁也就拥有了决定教师绩效工资收入的权利。因此,在看似公平的绩效工资制度面前,如果一个人一旦拥有了决定教师利益的权利,而这种权利又缺乏有效监督,就必然会产生腐败,导致分配不公,使本该向一线教师倾斜的分配原则有意无意地倾向领导阶层,最终可能会使国家改革绩效工资的初衷化为泡影,甚至背道而驰,破坏社会的和谐。这些情况在上海、江苏等已经实施义务教育绩效工资的地区有所显现。

(四) 是否可以从现行工资中拿出部分作绩效工资

我国中西部大多数贫困地区(也包括东部落后地区)的财政捉襟见肘,难以保障对教育投入的“三个增长”,县级教育财政十分紧张,提高教师的工资变成一种奢望。在这种情况下实施义务教育绩效工资,只能是以教师现有的工资做文章,从现有工资中拿

出一部分搞绩效改革。在课题组所调查的77个县中,有61%的县教育局局长和65%的校长认为,不应该从教师现有工资中拿出部分作为绩效工资。原因是目前教师的工资本身就很低,已经低于公务员的工资,再拿出一部分工资作为绩效工资,势必有一些教师的工资比现在的还要低,不利于调动教师的工作积极性。财政应该另外拿出资金作为绩效工资。39%的县教育局局长认为可以从教师的工资中拿出部分作为绩效工资,至于从现有工资中拿出哪一部分作为绩效工资,他们的看法不一。其中有72%的人认为可以从工资总额中拿出30%作为绩效工资,有14%的人认为可以从薪级工资中拿出一部分作为绩效工资,还有14%的人认为可以从职务补贴中拿出一部分作为绩效工资。调查发现,循化县和高唐县就是拿教师现行工资的一部分来执行绩效工资的,但效果不佳,教师们的热情非但没有提高,反而有下降的趋势,很多教师意见很大。由于被太多教师反对,该项工资绩效改革被终止。

(五)评价教师绩效应当有哪些指标

对于绩效工资的评价指标更是仁者见仁,智者见智。有的提出,以课时和班级管理为考核教师绩效工资的标准;有的人认为以工作量、工作成绩、日常出勤考核、每周课时、班级学生人数、工作态度、教育教学质量水平等作为考核教师绩效工资的标准;有的人同意多劳多得的说法;还有的人建议从学校的软管理和制度方面来考察教师的绩效,如师德、服务态度、出勤、业务检查等。

从实际的调研情况来看,“德、能、勤、绩”是主要的考察指标。“德”主要指教师对学生的人格、道德等的影响力和教育,可以依据学生对教师的评价和教师行为互评来测评,因为中小学正是学生品行的形成时期,作为教师应该起到指导教育和言传身教的作用;“勤”主要指工作量(每周课时、班级学生人数)和工作出勤、科目数量、超课时等方面的表现,作为一名教师必须对自己的岗位尽职尽责;“绩”主要指工作业绩和教学成果,以及完成教学工作的情况、教学质量、学生成绩、教学效果等，作为一名教师应该不断提高自己的教学水平，为学生的学习和成长奠定坚实基础；“能”则主要依据教师的科研成果和论文发表情况、教育教学能力、优秀教育教学成果等来评定。除此之外，教师绩效工资评价还包含其他的一些评价指标，如专业基础知识、学历、职称、上课氛围、工龄、继续教育等。这些细化的具体指标在教育管理者和学校领导者眼里的地位和价值如何？

被访谈的教育局局长认为工作业绩、工作量、教研、师德等内容是考核教师的主要指标，对局长的调查结果统计如图 3-2 所示。

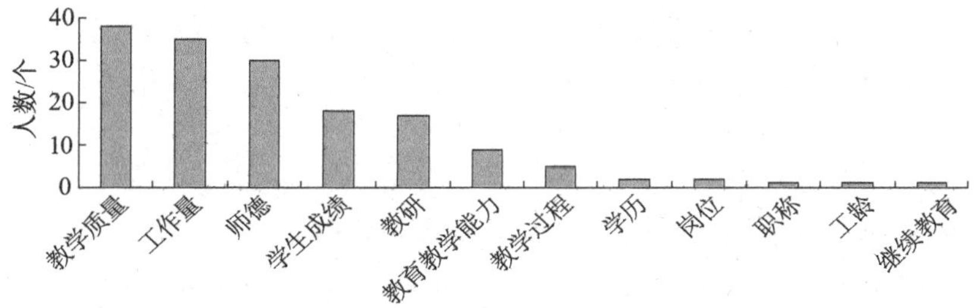

图 3-2　局长对绩效工资考核指标的认可度

被访谈的 279 位校长，从不同的角度提出了教师绩效工资的考核指标，如工作量（主要表现为课时的多少）、教学成绩、师德、工作态度、考勤、工作业绩（班级成绩，教学任务、升学任务的完成情况，农村学校的辍学率）、班主任工作、工龄、学历、科研成果（论文、科研的发表情况）、学生成绩、学生家长对教师的评价等，如图 3-3 所示。排在最前面的 4 个指标分别是工作量、教学质量、师德和出勤，与教育局局长们提出的指标具有较大一致性。由图 3-2、图 3-3 还可发现，局长们把提高教学质量和工作业绩放在首位，而校长则把工作量放在了首位。

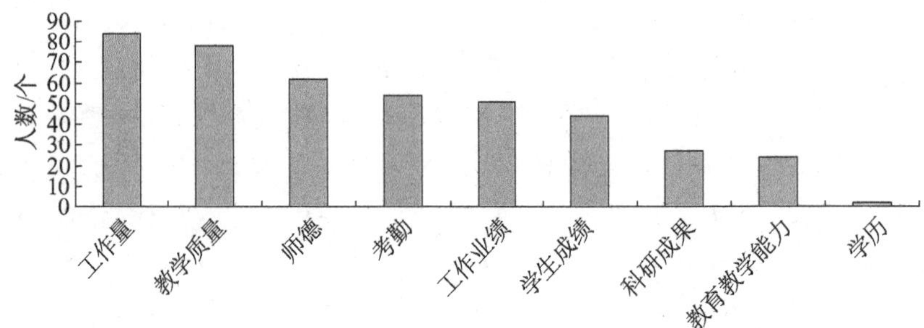

图 3-3　校长对绩效工资考核指标的认可度

（六）绩效考核要不要拉大教师间的工资差异

对于实施绩效工资是否要拉大教师工资差异,也是各有不同的见解,主要有以下 3 种观点。

1. 教师工资差异不应该拉大

在被访谈的 77 位教育局局长和 279 位校长中,有 41% 的县教育局局长和 51% 的校长认为教师工资差异不应该拉大。原因:(1) 不利于和谐氛围的形成,教育需要团结、和谐的氛围,工资差异过大易造成教师间的矛盾,使其不能安心投身教育。(2) 在绩效工资中工资较低的教师会产生心理不平衡和落差,影响工作效率,不利于教学质量的整体提高,毕竟一个学生的综合素质的提高需要众多教师的共同努力。(3) 与教师职业的特殊性有关,考虑到教师这一行业的特殊性和教师本身的性质,一定程度上的差异可以起到激励作用,但一旦拉大,势必会出现急功近利的情况,教师势必会以提高绩效考评分数作为工作的唯一目标,热衷于绩效考核的项目,而忽视其他难以量化、非绩效考核的部分。

2. 教师工资差异应该拉大

在被访谈的 77 位教育局局长和 279 位校长中,有 39% 的县教育局局长和 41% 的校长认为教师工资差异可以拉大。原因:工资差异拉大可以调动教师工作积极性,避免干多干少一个样,有利于提高教学质量。如贵州省凤冈县的教育局局长认为,既然是绩效

工资就应拉大差距,形成你追我赶的竞争意识,以达到激励作用。

3. 教师工资差异应在合理范围内

在被访谈的77位教育局局长和279位校长中,有20%的县教育局局长和8%的校长认为教师工资差异应该控制在一个合理的范围内。原因:教师工资差异太大容易产生教师间的恶性竞争,差异太小不足以调动教师的工作积极性。教学的考核有很多不确定的因素,教师的教学质量与学校办学条件、生源质量、当地的经济发展情况都有一定的关系,义务教育注重基础,差异不宜过大,应适度差异、适度奖罚。如内蒙古海南区的教育局局长认为合理的工资差异既有利于调动教师工作积极性,也有利于教师之间形成良性竞争的和谐工作氛围。安徽省潜山县的教育局局长认为教师间较为合理的工资差异应在100~200元,这样既可以调动教师的积极性,进一步提高教学质量,又有利于教师间的团结和谐,强化素质教育。

综合上述6个方面的调查结果可以得出几个阶段性的研究结论。

(1) 绩效工资对义务教育阶段的中小学教师来说是一件好事,尤其是农村中小学教师都普遍期待能借这次绩效工资的东风实现与城里教师同工同酬。但由于财政经费不足、制度机制不完善等方面的原因,义务教育阶段的教师绩效工资制度的落实还有一段艰难的路要走。

(2) 教学是培养人的活动,这个过程充满了偶然性、可变性和情境性,在教师的业绩、师德等方面难以找到统一的、可量化的指标加以考查。要把教师的绩效考核出来,是一件有挑战性的工作。

(3) 部分学校为了能够量化教师的绩效,为了能在指标上让绝大多数教师达成共识,把学生的分数作为主要指标。这种做法背离了教育的本质,如何规避唯分数论的观念,是实行绩效工资首先必须面对的问题。

(4) 对政策的价值取向的理解也存在着偏差。绩效工资的最终目的是全面提高教育质量,促进教师教学技能的提升。而一些学校只注重考核作用,未能起到促进教师专业发展的功能;在考核方式上,采用的是终结式考核,而不是面向未来侧重于教师专业发展的考核。

(5) 在看似公平的绩效工资制度面前,个人的权利又得到了放大,如果这种权利缺乏有效监督,必然会产生腐败,导致分配不公,最终可能会使绩效工资制度的初衷化为泡影,甚至破坏社会和谐。因此,建立教师绩效工资的考核机制和监督机制显得尤为重要。

二、政策执行过程中出现的情况(一年后)

义务教育学校实施绩效工资制度是一次大的政策变动,需要在实施的过程中不断调整和改进,经过几年的探索,相关单位积累了不少经验,也发现了一些问题。

(一) 绩效工资制度改革总体上促进了区域内教师工资的均衡发展

义务教育教师绩效工资制度改革在一定程度上促进了同一地区内部教师工资水平的均衡增长,改变了过去不同学校差距过大的情况。付卫东①等人对我国东中西 8 省的调查结果显示,义务教育学校教师实施绩效工资制度改革后,无论是在东部、中部还是西部地区,无论是教师、校长还是教育行政人员,对“绩效工资改革促进了同一县域内义务教育均衡发展”的认可度均较高。其中教师的认可比例为 63% 左右,校长的认可比例为 73% 左右,教育行政人员的认可比例为 79% 左右。

---

① 付卫东,范先佐:《学校教师绩效工资制度改革与义务教育均衡发展——基于我国 8 省 4 个县市的调查》,《当代教育科学》,2013 年第 10 期。

绩效工资制度使得城乡教师工资差异拉大的情况得到了明显的扭转。在部分省市，通过设立农村教师津贴，弥补了教师工资与环境不相称的情况，提高了农村教师的工作积极性，使得农村教师能够留守在农村学校安心从教，也能起到鼓励和引导优秀年轻教师到农村偏远地区任教的作用。湖北省规定，农村学校教师津贴列入基础性绩效工资，工作人员调离后即取消。江西省规定，给山区、库区、湖区等相对艰苦地区在编在岗教职工发放特殊津贴，按学校所在地艰苦程度的不同分为边远、最边远两个地域层次，特殊津贴标准每月相应为 70 元、120 元两档。属于经济发达地区的广东，也设立了农村教师津贴，鼓励优秀年轻教师去条件艰苦的边远地区任教。如广东省惠州市对惠东、博罗、龙门 3 县的农村义务教育教师发放专项教师补助，大亚湾区对边远农村和海岛学校教师发放义务教育教师特殊津贴等①。

李鑫②对中部某县中小学的调查也发现了相似的情况：第一，从教职工经济状况看，尽管增加的多少不同，但每个教职工的工资都得以增加，使教职工平均工资不低于当地公务员平均工资的水平。尤其是拥有高绩效的员工体验到了从未有过的工资的大幅度增加，增加了他们的成就感。第二，就教职工工作积极性而言，愿意加班工作的教职工增加了。执行绩效工资后，由于贯彻了多劳多得原则，多劳者感到自己的利益得到了一定程度的满足，加班和值班，尤其是班主任工作，教职工均愿意并积极去做。同时，由于多数人愿意做班主任，班主任的任命有了竞争性，进而使班主任工作更加到位。第三，对于教职工的评价更为公正。执行绩效工资后的考核分数比之前的积分更为客观和公正。改革方案只有

---

① 付卫东，范先佐：《学校教师绩效工资制度改革与义务教育均衡发展——基于我国 8 省 4 个县市的调查》，《当代教育科学》，2013 年第 10 期。

② 李鑫：《义务教育学校绩效工资执行的成效、问题与解决策略——以 A 县为例》，《教学与管理》，2013 年第 5 期。

80%的教职工签字才能生效，防止了少数人决断和决策不透明现象，有效避免了教师因不满意而上访的行为。第四，有利于缩小不同乡镇教师工资的差距。如某县教育体育局的实施办法明确规定了向边远薄弱学校、缺编学校倾斜，每月向这些乡镇的教师补助80元。这种倾斜有助于边远薄弱学校和缺编学校保留优秀教师和吸引优秀教师，有助于义务教育的均衡发展。

教师绩效工资改革也建立了和当地公务员工资的联动机制，保证了义务教育教师工资随当地公务员工资同步增长。教师绩效工资制度改革后，部分地区义务教育教师的工资水平和当地公务员的平均工资水平已经大致持平。

但部分地区仍存在教师绩效工资不到位的情况。东部、中部和西部地区都还存在教师绩效工资不到位的情况，尤其是中西部农村地区，因财政困难，义务教育教师绩效工资难以得到保障。付卫东等人①在调研中发现，尽管当地教育行政人员矢口否认绩效工资没有到位，但仍有部分教师和校长认为"绩效工资没有完全到位"。比如在对"您所在学校教师绩效工资是否能得到保障"的问题的回答中，在东部地区，教师中回答"能"的比例为96.8%，校长中回答"能"的比例为98.7%，教育行政人员中回答"能"的比例为100%；在中部地区，教师中回答"能"的比例为90.8%，校长中回答"能"的比例为95.7%，教育行政人员中回答"能"的比例为100%；在西部地区，教师中回答"能"的比例为88.5%，校长中回答"能"的比例为90.6%，教育行政人员中回答"能"的比例为100%。

（二）由于分配方式不同，地区之间和学校之间的工资差异仍显著存在

义务教育学校教师绩效工资政策实施后，仍然存在地区间、城

① 付卫东，范先佐：《学校教师绩效工资制度的改革与义务教育均衡发展——基于我国8省4个县市的调查》，《当代教育科学》，2013年第10期。

乡间义务教育学校教师绩效工资差距拉大的情况，说明部分地区的绩效工资政策在执行上顶层设计缺失，未能照顾到区域之间和学校之间的均衡。

“江苏中小学教师的绩效考核与薪酬管理研究”课题组①2010年在江苏省以问卷形式抽样调查了全省范围内的20所小学的1 315名教师（含部分培训班教师）。调查结果认为，小学教师绩效工资的区域性比较明显。据调查发现，苏南、苏中、苏北三大经济区域小学教师的平均收入水平差异极其显著，苏南小学教师工资收入水平明显高于苏中、苏北。如苏南、苏中和苏北的小学高级教师年收入分别为8.7万元、5.2万元和4.4万元（江苏省均值为5.9万元）。

付卫东等人②在中西部地区的调查中也发现了这种情况。湖北省宜昌市下属的长阳县义务教育教师绩效工资每人年均6 711元，而宜昌市市属学校的为15 600元，二者相差近1.5倍；武汉市洪山区、汉阳区、研口区和青山区等大部分城区的义务教育教师绩效工资平均每年在28 000元左右，这几乎是湖北省一些经济落后地区和农村偏远地区的3～4倍。江西省南昌市义务教育教师的福利补贴按平均每年21 000元的标准执行，加上平时补贴，该市义务教育教师平均绩效工资约为每年23 000元，而该省九江市按平均12 000元发放，分宜县平均为15 000元，太和县为9 000元，铜鼓县为8 500元，南昌市与铜鼓县对比相差2.7倍。河南省周口市川汇区义务教育教师绩效工资平均为每月416元，绩效工资年均约为5 000元，而周口市属学校的教师绩效工资年均为14 000元。

---

① 袁锁军，王明宾：《江苏省小学教师绩效工资实施状况与问题》，《江苏教育学院学报（社会科学版）》，2013年第1期。

② 付卫东，范先佐：《学校教师绩效工资制度改革与义务教育均衡发展——基于我国8省4个县市的调查》，《当代教育科学》，2013年第10期。

许多地方将学校规模和班级学生规模作为绩效工资分配的核心要素,导致校长、教师和班主任的绩效工资数量差异很大。同一县域内不同学校教职工绩效工资分配不均的情况主要表现在3个方面:一是同一县域内不同类型学校的校长绩效工资分配不均。一些地方校长奖励性工资的分配方式是依据学校的规模设定的,规模大的学校校长工资明显高于规模小的学校校长工资。依据规模来衡量工资,忽视了学校管理的质量,不能调动校长工作的积极性。二是同一县域内不同类型的学校教职工绩效工资分配不均。中西部农村地区,不少中心学校在制定奖励性绩效工资方案时,有意偏袒中心学校或寄宿制学校等规模较大学校的教师,同样是把规模大小作为绩效工资分配的核心指标,忽视了农村初小及教学点等小规模学校教师的劳动和艰苦的教学条件,结果是农村小规模学校教师想办法调至中心小学和城镇学校,造成农村学校教师大量流失。三是同一县域内不同类型学校班主任津贴分配不均。有些农村偏远地区学校或城乡接合部薄弱学校班主任津贴很少,而一些农村中心学校或城区优质学校的班主任津贴数额较大。在调研湖北恩施、利津和江西省分宜县、太和县及铜鼓县等地时发现,很多地方中小学班主任津贴以学生规模为标准,中心学校和初中班主任普遍较高,而位于农村偏远地区的初小和教学点班主任津贴很低,甚至个别教学点的班主任津贴每月仅5元。另外,在中西部一些学校的调查发现,一些地方中小学在计算班主任工作量时,并没有按照国家标准将其纳入基本工作量,班主任承担的超课时量也没有以超课时补贴的形式发放班主任津贴。针对“您所在的县(区)班主任津贴是否相同”的问题,73%左右的教师回答“不相同”,58.7%左右的校长回答“不相同”①。

---

① 付卫东,范先佐:《学校教师绩效工资制度改革与义务教育均衡发展——基于我国8省4个县市的调查》,《当代教育科学》,2013年第10期。

（三）绩效工资政策实施后，教师工资总体增长，但不是单纯的涨工资

实行绩效工资后，义务教育学校大部分教师的工资有所增加。杨小丽等人①基于四川省的调研发现，因绩效工资政策的落实，义务教育学校教师工资总体上都有所增加。宁本涛②对西部Q市Y区中小学的调查也有相似的发现：实施绩效工资后，近50%的教师工资增加，近40%的教师工资减少，近10%的教师工资基本不变。不同职位教师工资的增长幅度不尽相同，其中以班主任和中层干部增长率最高，其次为教研组长，最后是普通教师。李海燕等人③对广州的中小学进行了调查，调查发现：各区教师工资均有持续增长但增幅不同。66%的被调查者认为实施绩效工资后其工资增加，13%的教师认为其个人工资没变化。在各区市中，萝岗的教师逾三成反映工资水平持续增加较多，是教师待遇改善最为显著的区市。黄埔大部分教师认为工资降低了，从化的教师认为“没变化”和“有下降”的高达25%和42%。

绩效工资政策虽然不是单纯的涨工资政策，但在多数地区是与工资增长相联系的，不过在不同的地区，通过绩效工资政策提高教师工资的幅度也是不一样的。王雪婷等人④对T市和M市的小学进行了调查，调查发现：实施绩效工资制度后小学教师工资变化情况差异显著。在实施绩效工资制度后，T市91．3%的教师工资增长，M市这一比例却仅为26．3%，这与M市教师拿到绩效工资

---

① 杨小丽，杜学元：《义务教育学校教师绩效工资激励效果的影响因素及归因分析——基于四川省的调查》，《基础教育》，2014年第4期。

② 宁本涛：《教师绩效工资实施的弱激励效应分析——以西部Q市Y区为例》，《教育发展》，2014年第4期。

③ 李海燕，李国：《公平视域中的义务教育教师绩效工资政策分析——基于广州的调研》，《当代教师教育》，2015年第2期。

④ 王雪婷，司成勇：《城市小学绩效工资制度实施成效的调查研究——以T市和M市为例》，《当代教育与文化》，2013年第4期。

比例低的调查结果相符。T 市和 M 市可以说分别代表了发达地区和欠发达地区,由于发达地区和欠发达地区经济实力存在差异,绩效工资结果有所不同也在意料之中。也就是说,绩效工资政策的实施要因地制宜,根据地方经济发展水平制定相应的执行方案,这是绩效工资政策得以实施的基本保障。

最值得肯定的是浙江省义务教育教师绩效工资政策举措。浙江省义务教育教师绩效工资政策倾向于提高农村教师的收入水平,改善农村教师的工作待遇。这是浙江省义务教育教师绩效工资改革最为显著的不同于其他省市的特点。王凯①通过对浙江中小学的调查发现:农村教师实际收入明显提高。浙江省实施义务教育教师绩效工资制度以后,农村教师绩效工资高于全国平均水平。2009 年我国义务教育阶段实施教师绩效工资,平均月收入为 2 879 元人民币。浙江省农村学校基本兑现绩效工资后农村教师实际到手的月平均工资在 3 501 ~4 000 元,明显高于实施绩效工资后全国教师的月工资水平。浙江省经济相对落后地区的农村教师月均收入增幅较大,对绩效工资政策满意度较高。农村教师绩效工资总体满意度与地区分布密切相关,相关系数为 0. 001 (<0. 01),呈显著相关关系,一类地区农村教师的绩效工资满意度显著高于三类地区的农村教师,一类地区有 79% 的农村教师表示满意,三类地区有 62% 的农村教师表示满意。浙江农村小学教师绩效工资高于乡镇小学教师绩效工资,乡镇小学教师绩效工资高于城区教师绩效工资,由此出现部分城区教师向乡镇学校流动的现象,从而改变了过去农村教师单方面向城镇流动的窘况,对合理配置浙江农村学校教师资源、留住优秀教师、办好农村学校具有重要意义。浙江的做法和经验应作为本次绩效工资政策的突出成

① 王凯:《浙江农村教师保障政策的实施绩效调查》,《基础教育》,2012 年第 2 期。

绩，在全国范围内进行宣传和推广，对改变我国绝大部分地区都存在的农村教师向城镇和经济发达地区流动的现象，具有借鉴意义。

（四）绩效考核办法与绩效工资分配方案存在形式主义

绩效工资政策方案的制定在许多学校变成敏感的话题，从而导致绩效考核办法失真，考核方案存在领导主观主义等情况。杨小丽等人①调查发现，目前义务教育学校绩效考核指标多流于形式，通过考核并没有划分出绩效的高低，也没有区分出高绩效的教师与末位低绩效的教师。义务教育学校的绩效激励制度，在考核方面流于形式，在奖励性绩效工资分配方案制定方面有失民主，降低了激励效果。同样，方芳②对长沙市天心区小学教师进行问卷调查发现，普通教师在学校绩效考核实施过程中的参与程度偏低，影响了他们对教师绩效考核公正性的评价，并导致他们对教师绩效考核的认知与校级领导出现明显的差别。而这种低参与性主要来源于对教师方案制定过程效率的担心，当所有教师都参与到方案制定过程并提出意见时，就会出现许多因各自利益不同而相互矛盾的意见，使得制定过程变得复杂和低效率，从而导致学校管理者往往采用最简单的方式，即将制定绩效考核方案的过程封闭起来，并在管理层形成决议后直接开始方案的推行，形成绩效考核方案制定重领导轻教师参与的现象，阻碍了绩效工资改革的有效施行。

当前的义务教育学校中，存在着两种分配方式：在普通教师之间实行几乎无差别的平均主义分配，在领导与教师之间实行悬殊较大的差异分配方式。义务教育学校普通教师之间奖励性绩效工资差距较小，起不到应有的激励作用。施飞③对全国部分中小学

---

① 杨小丽，杜学元：《义务教育学校教师绩效工资激励效果的影响因素及归因分析——基于四川省的调查》，《基础教育》，2014 年第 4 期。

② 方芳：《小学教师绩效考核现状调查研究——以长沙市天心区为例》，湖南师范大学硕士论文，2012 年。

③ 施飞：《统一全省中小学教师工资促进教师交流轮岗——基于对我国部分地区中小学教师绩效工资实施情况的调查》，《教育财会研究》，2015 年第 2 期。

的调查也发现，实行绩效工资没有达到激励教师的目的。只有8.9%的教师认为绩效工资政策的实施有利于激励教师的工作积极性，有61.7%的教师认为现行绩效工资政策的实施对激励教师的工作积极性没有作用。同时，很多义务教育学校对奖励性绩效工资的考核也缺少经验。按政策规定，奖励性绩效工资占绩效工资总量的30%，主要体现工作量和实际贡献。但在实际执行中，绩效考核是一个普遍性的难题，客观上由于教师工作的特殊性，奖励性绩效的许多方面难以量化，不容易找到衡量的载体来体现教师工作的数量和质量，由此造成以下两种局面：一是由学校行政人员单方面考核，出现按行政职务论绩效的现象；二是校内教师自主权缺失，普遍缺乏教师参与学校决策、监督的办学机制，出现了教师绩效考核的简单化、机械化，造成教师与学校关系紧张，引发诸多矛盾。

（五）教师对绩效考核和工资分配不满意

教师的绩效考核和评价是绩效工资的载体，绩效考核虽然是绩效管理的工具，但该工具使用的正确性，绩效考核过程的规范性、透明性和严谨性，将严重影响绩效工资政策实施的效果。

绩效考核方案的透明、公开关系到教师对绩效工资的知情权。袁锁军等人通过对江苏省小学教师的调查发现，小学教师对学校绩效考核方案的知情度总体不高。在对绩效考核内容的知情度方面，不同类型教师对内容的了解程度不同，普通教师中选择“非常清楚”“比较清楚”“知道一些”“不知道”的比例分别为7.1%，40.1%，46.3%，6.5%；而有行政职务教师的比例则分别为50.4%，38.3%，10.4%，0.9%，且高职称教师比低职称教师知情度高。此外，在不同学校之间，该比例也呈现较大差异，知道学校明确考核方案的教师比例在17.1%到95%之间不等，说明学校在制定考核方案方面，公平性和透明性还需要提高。在对学校绩效考核工作的满意度方面，从数据来看，对学校内部的绩效考核工

作,教师感到非常满意的占3.2%,比较满意的占19.2%,基本满意的占50.6%,不太满意的占24.7%,很不满意的占2.3%。进一步的统计比较表明,有行政职务的教师对学校内部绩效考核的满意度明显高于普通教师,且不同学校之间满意度比例在45%到89.4%之间不等。

绩效工资实施过程的规范性是绩效工资政策成败的关键。王雪婷等人①通过对部分城市的调查,认为绩效工资实施过程不规范,绩效工资方案制定过程不公开,没有充分征求教师的意见;政策实施仅停留在领导层面的讨论和决策。其结果导致在收入分配上,教师与管理人员差距过大,在教师之间也未体现多劳多得的分配原则。调查中,反映没有体现多劳多得这一问题所占比例最高,为23.1%。部分教师认为政策的制定过程不公开,绩效评价结果在普通教师和管理人员之间存在一定的差距,有些教师甚至直言"绩效工资就是领导的绩效",严重损害了教师绩效工资政策的信度和效度。

绩效工资方案的认可度,决定了教师对绩效工资政策的支持度。施飞②在对我国部分地区中小学教师绩效工资的调查中发现:中小学教师教育教学工作绩效考核缺乏科学性和可操作性的支撑,42.7%的教师认为绩效考核与教育教学工作周期长、显效慢的固有特点十分不相称。绩效考核和工资分配方案各行其是,仅有19. 2%的教师认同目前的工资政策。奖励性绩效工资再分配流于形式,学校领导与教师之间、教师与教师之间极易产生矛盾,61%的教师认为学校绩效工资分配方案不能适应教师的要求。由于绩效工资分配方案不能令人满意,影响教师工作热情,只有

① 王雪婷,司成勇:《城市小学绩效工资制度实施成效的调查研究——以T市和M市为例》,《当代教育与文化》,2013年第4期。

② 施飞:《统一全省中小学教师工资促进教师交流轮岗——基于对我国部分地区中小学教师绩效工资实施情况的调查》,《教育财会研究》,2015年第2期。

16.6%的教师认为绩效工资政策使得周围同事的工作积极性提高了。

绩效工资的考核标准及分配方式，决定了绩效工资的分配结果，也决定了教师对绩效工资政策的满意度。杨小丽①等人对四川省的中小学进行了调查，调查发现：第一，作为绩效工资分配标准的绩效考核办法存在一定的问题。调查显示，62.7%的教师认为存在问题，仅有1.8%的教师认为很好。绩效考核指标也在一定程度上存在争议，61%的教师认为工作量应该是绩效考核的第一参考指标，而在实际操作中，职务是第一参考指标。绩效考核指标的设置、指标权重的设置等问题均存在一定的分歧。第二，奖励性绩效工资分配方案的满意度较低。仅12.3%的教师感到满意，不满意度为45.5%。教师对学校奖励性绩效工资分配的公平感很低，仅有20.1%的教师觉得较公平，9.2%的教师觉得满意。第三，学校奖励性绩效工资分配中，学校领导和班主任获得的奖励性绩效工资相对较多，管理人员的奖励性绩效工资比一般的教师高。针对“您校奖励性绩效工资高的一般是哪些人”的问题，73.7%的教师认为是学校领导，51.7%的教师认为是班主任，76.5%的教师表示学校中层干部及以上管理人员的奖励性绩效工资比一般的教师高。第四，学校绩效工资政策实施后，教师工作积极性提升效果不明显，农村的境况更加严峻。农村教师工作积极性提高的程度较小；50.3%的城区教师和45.5%的郊区县教师的工作积极性与绩效工资政策实施前相比，没有变化。

（六）教师对绩效工资政策实施结果的感受度不同，满意度不高

绩效工资政策实施后教师的工资总体是增长的，但教师群体

---

① 杨小丽，杜学元：《义务教育学校教师绩效工资激励效果的影响因素及归因分析——基于四川省的调查》，《基础教育》，2014年第4期。

对绩效工资政策的实施结果有着各自的感受，满意的教师比例不高。

杨小丽等人①通过对四川省教师绩效工资政策实施结果的调查显示：教师总体对绩效工资的满意度较低，对目前工资满意的教师比例为5.72%，不满意的比例为69.04%。原因是教师的收入分配结构不合理，工资水平较低，低收入者所占比例较大，近似于金字塔形。66.1%的教师工资水平在每月2 500元以下，87%的教师工资水平在每月3 000元以下，每月3 000元以上的教师仅占13%，每月4 000元以上的教师仅占1.3%。

袁锁军等人②通过对江苏省小学教师绩效工资政策实施结果的调查发现：自江苏省进行绩效工资改革后，全省小学教师感觉工资收入有大幅提高的占11.8%，略有提高的占74.4%，与过去持平的占8.8%，有所下降的占5%。江苏省小学教师对目前工资收入非常满意的1.5%，比较满意的占15.8%，基本满意的占44.9%，不太满意的占33.5%，很不满意的占4.2%，且苏南、苏北、苏中三大区域小学教师对工资收入的满意度呈现显著递减趋势。虽然全省大多数(62%)小学教师对工资收入是基本满意的，但也不能忽视还有很大比例(约38%)的教师因对工资收入水平不太满意而带来的负面效应。据调查结果可知，江苏省小学教师对政府进行绩效工资政策改革强烈赞成的占7.9%，比较赞成的占31.4%，基本赞成的占45%，不太赞成的占13.6%，强烈反对的占2.2%。教师对绩效工资改革的态度与其收入变化、对工资收入的满意度之间存在非常显著的关联。工资收入增长幅度大、对工资收入满意度高的教师对绩效工资改革的态度较为积极。另

① 杨小丽，杜学元：《义务教育学校教师绩效工资激励效果的影响因素及归因分析——基于四川省的调查》，《基础教育》，2014年第4期。

② 袁锁军，王明宾：《江苏省小学教师绩效工资实施状况与问题》，《江苏教育学院学报(社会科学版)》，2013年第1期。

外,不同区域、不同角色的教师对实行绩效工资改革的态度也存在着显著差异。

研究认为,虽然不少教师在工资改革后收入有了明显增长,但教师的感受却不强烈,原因主要是社会其他人员特别是国家机关工作人员的工资也在增长,而教师工资的增长幅度较低。李海燕等人①通过对广州中小学的调查发现,教师对工资水平总体不满意,被调查教师对现有工资水平满意的只占20%,能够接受的占34%,不满意的高达46%。通过对教师绩效工资水平的横向比较,教师普遍认为工资收入低于当地公务员工资,认为“高一点”的仅占3%,“持平”的仅占21%。所以绩效工资改革不单要提高教师工资,还应理顺社会收入分配关系,规范分配秩序,使工资与职工业绩、态度、技能等挂钩。政府应积极探究教师对绩效工资满意度的影响因素并有效改善绩效工资改革制度,给更多的教职工带去福利。

第三节　绩效工资制度问题存在的原因

一、部分地区经费保障不到位

国务院2008年颁布的《关于义务教育学校实施绩效工资的指导意见》中指出,要确保义务教育学校教师平均工资不低于当地公务员工资水平。在经费保障方面规定“管理以县为主,经费省级统筹,中央适当支持的原则”,同时也强调“县级财政要有限保障义务教育学校实施绩效工资所需的经费”。从目前实施的现状看,义务教育绩效工资政策依法保障了义务教育学校教师的收入,建立

① 李海燕,李国:《公平视域中的义务教育教师绩效工资政策分析——基于广州的调研》,《当代教师教育》,2015年第2期。

了与当地公务员收入的联动机制，保证了同一县域内教师收入的大体平衡，在一定程度上促进了义务教育的城乡均衡发展，坚持多劳多得、优绩优酬的分配原则，有利提高了教职工的工作积极性。但“以县为主、省级统筹”的绩效工资保障机制还面临诸多困难。部分省市还存在绩效工资不到位、教师绩效工资偏低、地区间教师工资差距较大等问题。天津大学付卫东博士在2010年对湖北、湖南、河南、江西4省32个县60多所中小学的调查中发现：湖北仅有69.1%的教师认为“绩效工资能完全发放”，这一问题在湖南、河南、江西的比例分别为69.8%，65.1%，65.4%，4省调查中认为“根本不能发放”的教师比例都在10%左右。欠发达县市教师绩效工资已成为当地财政的沉重负担，湖北长阳土家族自治县是少数民族县，也是国家级贫困县，全县有义务教育学校87所，教职工2 110人，实施绩效工资共需要增加财政预算资金每年2 157万元，除了中央和省级财政专项转移支付外，还需要该县自筹42%的增加费用，即每年914万元，对于每年本级财政收入仅有1.2亿元的贫困县来说，显然是心有余而力不足。湖北英山县也一样属于国家级贫困县，有义务教育教师3 656人，兑现义务教育绩效工资需要每年增加2 105万元，县本级财政收入每年只有7 961万元，每年上级转移支付资金不足5 000万元，而每年的财政支出为30 331万元，该县普九债务达4 000多万元。可以想见，义务教育学校教师绩效工资对县级财政，尤其是贫困乡的财政是一个巨大的压力。绩效工资政策没有明确规定中央、省、市、县四级政府资金配置的比例，虽然强调省级统筹，但对省级统筹没有具体的要求也没有明确的规定，导致省级统筹也不能解决目前的难题。湖北省实施绩效工资需要增加经费58亿元，中央投入了4.8亿元，省级财政投入了12亿元，其余需要地方配套，平均每县需要支付3 000多万元，对于大多数县来说是一个极大的资金压力。2009年湖南义务教育学校实施绩效工资需要增加的资金总量为91.8

亿元,中央投入6亿元,省级财政补助15亿元,其余76.8亿元由县级政府承担。江西2009年义务教育学校教师绩效工资需要增加资金51亿元,中央下拨4亿元,省政府下拨7亿元,还有38亿元需要各区、县财政承担。因此,目前的保障机制还无法保障义务教育学校教师绩效工资足额筹措到位①。

二、绩效工资激励相容机制在实践中遇到困境

任何一项政策的出台都是针对当下的时弊开出的一剂药方,具有一定的现实指向性。义务教育学校教师绩效工资政策的出台大体也是这样,传统的收入分配方式不能有效地激励教师的工作积极性,会有一些教师工作懈怠、出工不出力,甚至行为不检、师德不端。《关于义务教育学校实施教师绩效工资的指导意见》提出,绩效工资的分配要"根据考核结果,在分配中坚持多劳多得,优绩优酬,重点向一线教师、骨干教师等工作成绩突出的人员倾斜"。政策试图激励先进、鞭策落后,期望达到共同进步的目的。但从目前绩效工资考核分类的实际情况看,每次考核都要将教师分成优秀、良好、合格甚至不合格几个档,每档的比例几乎是固定的,将考核结果与工资挂钩,教师工资也被划分为几个不同的层次。在绩效工资政策实施初期,这种方式有一定的合理性,有些教师表现优秀,有些教师可能不合格,表现在工资分配上应该有一定的差异,而且这种差异应能触动后进教师的工作自觉性。当后进教师意识到自己的不足,在后续的工作中也积极改进,与先进教师的差距不断缩小,甚至超越了先进教师,教师与教师之间没有本质的差别时,应该享受相同的工资待遇。但事实上,按照目前的绩效工资机制,尽管教师整体素质都提高到一个较高的等级,变成同质的群

① 付卫东:《努力构建"以省为主"的义务教育学校教师绩效工资保障机制》,《教育与经济》,2013年第3期。

体，但也要人为地区分出不同的等级，并且与教师的工资等级挂钩。这种始终不变的绩效工资制度人为地将同质群体割裂开来，变成利益的对立面，这在很大程度上会打击先进者和努力进步者，伤害教师群体的自尊心，与最初制度设计的初衷相悖。为什么会出现这种情况呢？我们知道，对一所学校而言，财政所承担的工资总量几乎是不变的，或者说按照人均数量计算的工资总量是固定的，当教师的绩效状态都在提升的情况下，学校的绩效总量增加了，实际的单位绩效工资标准就下降了，如果按此标准发放工资必然会压抑教师整体的积极性，因此，学校在实际中是不会这么执行的。为了增加激励性，学校在实际中不得不根据评价结果的差异，哪怕是细微的差异，也要将教师（包括同质的教师）划分为几个不同的等级。但这样做的负面影响也表现出来了，业绩好的教师没有进入优秀等级，没有得到优等工资，心理不平衡，满腹怨言，工作消极，产生抵触情绪，教师之间关系变得紧张，气氛变得不和谐。如果绩效工资不会对收入产生较大的影响，那么原本被划为优绩的教师也不愿意因为一点收入差异造成同事之间的隔阂，为照顾同事感情，也会变得故意怠工和消极，从而造成整个学校的劳动状态变得消极起来。因此，总量控制的绩效工资制度是造成实际工作中激励相容机制失效的根本原因①。

三、绩效考核在执行中产生的偏差

绩效工资制度的问题主要来自于执行中的偏差，也就是绩效工资制度在操作层面上的不到位、不规范而产生的与理想状态的偏离。绩效工资方案是绩效工资制度执行的纲领性文件，直接影响绩效评定的客观性，关系到教师的收入高低。按照中央文件要

---

① 辛治洋：《教师绩效工资制度实施的困境与出路》，《中国教育学刊》，2012年第9期。

求,绩效考核的主体应包括学校领导、教师、学生及家长,在分配程序上应充分征求教师的意见,发扬民主。可是,在实际操作中,学校管理者拥有绝对的主动权,在政策制定和资源配置中按照自己的意图执行,有意无意地向自己偏好的方向倾斜,没有监督,也没有人敢于监督,导致政策出台之时就注定产生了不公平、不公正的结果。加之在制度执行过程中,考核标准模糊,有话语权的教师和学生在考核中的参与度不足,被考核的教师只能被动地接受来自领导和管理者的考核结果。

按照中央《关于义务教育学校实施绩效工资的指导意见》的规定,教师工资分为基础性绩效工资和奖励性绩效工资。基础性绩效工资是由职称、工龄等规定性要素决定的,与以前的工资标准没有区别。而奖励性绩效工资主要体现教师的工作量和实际贡献,由学校设计分配方案进行分配。学校并不具备设计教师绩效考核方案的能力,特别是在测量教师的服务价值和工作效果上更是"丈二和尚摸不着头脑",但又不得不做。为了完成这项复杂而又艰巨的任务,学校在考核方案设计上,尽量化繁就简,把日常管理中涉及的几个容易测量的要素,如教学工作量、班主任工作、年级组长工作、教研组长工作、出勤、考试成绩等可量化、可衡量的指标,经过一番加权组合形成教师的绩效考核方案。但对教师绩效考核中应该关注的教师教学效果、教师专业发展和学生的发展缺少考核,把对教学效果、教学质量的考核用学生的学业成绩来代替,这与政策"不得将升学率作为教师绩效考核的指标"的初衷不符。虽然政策设计的初衷很美好,但在我国目前的教育体制下,终究要败给现实的"应试教育"。《教育蓝皮书:中国教育发展报告(2010)》曾对"实施绩效工资后,教师是否更加重视分数"的问题进行调查,结果显示47.7%的教师认为没有变化。因此对教师绩效考核,学校最看重的、也最容易得到的是学生的分数,这种管理理念将长期渗透在教师的绩效管理考核过程中。

教师行业的绩效工资与其他行业的绩效工资不完全相同，教育教学过程是教师集体的劳动过程，很难将教育产出或学生的学业发展归功于某一位任课教师。因此目前针对教师个人的绩效考核，在考核对学生发展影响方面非常困难，在考核内容和指标的有效性上存在一定的分歧。一是不同类型的教师之间的考核，包括不同学科、不同岗位、不同年龄教师、一般教师与班主任之间等，对考核指标权重及工作量系数的折算标准不统一；二是学生学业发展的合理测量，不同学校之间、同一学校不同班级之间，学生的基础和素质、教学设备等方面都存在一定的差异，如果仅以考试分数来衡量教师的绩效显然是不合理的。虽然美国的增值评估方法可以测量学生的学业进步情况，但在实际工作中作为一种经常性的工具来使用也是非常烦琐的，也不一定准确。因此教师绩效考核方法不成熟、考核指标不健全，也是造成学校教师绩效考核混乱的主要原因之一。

第四章　义务教育教师绩效工资政策实施情况实证分析

上海市的义务教育学校教师绩效工资政策施行在全国起步较早，落实较快。中央政策发布后，上海市人民政府办公厅于2009年11月印发了《上海市义务教育学校绩效工资的指导意见》（沪府办〔2009〕111号），对教师绩效工资的构成、发放原则、发放方法、发放程序及相关政策做了明确规定，随后，上海市各个区相继制定并开始实行绩效工资。本次实证调查以上海市部分区县的义务教育学校教师为对象，以问卷形式了解目前教师绩效工资制度的实施现状和存在的问题。

第一节　教师绩效工资实施情况调查概述

一、问卷设计原则

（一）真实性原则

真实性原则要求在问卷中对教师关于绩效工资政策本身、政策实施过程及目前所实现的结果的看法、认可情况做出准确、客观的价值判断，努力做到主客观的统一。客观真实、不附带个人主观情感的问卷设计才能收获更为真实的调研数据，以这样的数据为素材，结论才会更具研究价值和参考价值。

（二）逻辑性原则

在问卷设计时，要有一定的条理性和程序性，要注重问题与问题之间的逻辑关系，避免逻辑性错误的发生。问卷在最初设计时

总会存在一些纰漏和不足，为了避免在实际调查中出现大规模失误，笔者在问卷正式发放前，与各方面教师进行了沟通，并邀请同学做了实地调查前的前测，保障问卷的整体逻辑严密统一。

（三）非诱导性原则

问卷调查不能因为自身预设目标的需要而刻意设计一些具有诱导性的问题，并以缺乏真实度、不可靠的数据作为观点的依据，以此数据得出的文章将毫无说服力。因此笔者在问卷设计时，将调查对象的独立性与问题的客观性摆在首要位置上，尽量在问题的编辑中不涉及诱导性提示或主观臆断成分。

（四）明确性原则

明确性原则即要求问题设计得规范准确，包括问题是否准确，设问是否清晰明确，选项是否与问题对应、是否具有可选择性等。

二、调查内容和调查方法

在文献阅读和政策解析的基础上，本问卷设计了 4 个部分的问题：第一部分为教师基本信息，包括教师的性别、年龄、职称、学校类别、所教学科、人员性质 6 个问题；第二部分是教师对绩效工资政策的看法，设计了 10 个问题，包括教师对政策本身、政策落实情况、分配公平性、负面效应、总体有效性等方面；第三部分是教师对绩效工资政策实施过程的看法，包含 8 个问题，涉及教师对政策实施的程序、原则及绩效考核等内容的看法；第四部分是教师对绩效工资政策实施结果的看法，设计了 9 个问题，主要调查绩效工资政策实施后教师对收入水平和政策激励效果的看法。

本次调查以分层抽样的方法、进行，抽取了两个区的小学和初中各 3 所，发放问卷 360 份，回收 347 份，回收率为 96.4%，除了少数问卷在个别选项中出现空缺选择，绝大部分问卷的信息完整有效。调查的样本特征及基本情况如下所述。

三、样本特征及基本情况

由表 4-1 可知,本次调查中,从性别分布来看,女性教师占了多数,她们是调查地区内义务教育学校的教学主力军;从年龄分布来看,中青年教师壮大了教师队伍的力量;从职称水平上看,拥有中级职称的教师占到 6 成左右,样本总体的职称层次较高;从学校类别看,由于本次调查采取分层抽样,在两个地区分别抽取了 3 所小学和 3 所初中,因此两类学校的样本分布较平均;从教师所教学科来看,语数英三门主课的教师占了约三分之二的比例;从人员性质看,超过 80% 的教师工作在一线教学岗位,13.26% 的教师为学校中层干部,一线教师兼教研组长、年级组长、学校各类行政主任等中层干部级别的教师占 8.07%。

为了便于接下来的统计分析,笔者对基本信息的变量进行了预处理和数量赋值。在下文运用 SPSS(Statistical Product and Service Solutions,统计产品与服务解决方案)软件得出的统计结果表中,性别:男 =1,女 =0;年龄:35 岁以下 =1,36 ~45 岁 =2,45 岁以上 =3;职称:初级 =1,中级 =2,高级 =3;学校类别:小学 =1,初中 =0;所教学科:语、数、英 =1,其他 =0;人员性质:一线教师 =1,中层干部 =2,一线教师兼中层干部 =3。

表 4-1　样本特征及人员信息

分类		人数	比例(%)
性别	男	77	22.19
	女	270	77.81
年龄	35 岁以下	165	47.55
	36 ~45 岁	121	34.87
	45 岁以上	61	17.58

续表

分类		人数	比例(%)
职称	初级	104	29.97
	中级	204	58.79
	高级	39	11.24
学校类别	小学	169	48.70
	初中	178	51.30
所教学科	语文	90	25.94
	数学	71	20.46
	英语	63	18.16
	其他	123	35.45
人员性质	一线教师	273	78.67
	中层干部	46	13.26
	一线教师兼中层干部	28	8.07

第二节 教师绩效工资制度及实施情况的调查统计分析

一、从教师对绩效工资政策的看法中反映出的情况及问题

(一)政策传达渠道不够畅通,宣传力度不够到位

在样本总体中,有261名教师表示了解绩效工资政策,占样本总量的75.22%,其余86人表示不了解,占比高达24.78%;认为有必要实施绩效工资的教师为229名,占比65.99%,另外118名教师(占比34.01%)则认为没有必要实施,整体来看积极性不高;认为政策没有得到较好落实的教师比例(203人,占比58.50%)高于认为政策得到较好落实的教师比例(144人,占比41.50%)。出

现这样的情况，尤其是在上海这样一座社会经济发达、教育事业稳步发展、信息传播高速便利的城市，仍有如此高比例的教师尚未了解与自身利益息息相关的绩效工资改革，发人深省。这一方面反映了政策信息在传达过程中不够顺畅，影响了教师对政策的了解和支持；另一方面也反映出政策推行的群众基础不够广泛，宣传力度还不到位，值得反思和改进。

在多选题“您认为国家实施教师绩效工资政策的初衷是什么”中，有 119 人选择了提高教师待遇，占比 34.29%；216 人选择了实行按劳取酬，占比 62.25%；171 人选择了发挥工资的激励作用，占比49.28%；此外，有 33 人在选择前 3 个选项时也选择了“其他”选项，其中，占比 7.8% 的 27 位教师仅选择了“其他”项。本次绩效工资改革，最主要的目的是进行一次深入的薪酬体系改革，建立一种将薪酬分配与教师绩效紧密相连的新的激励机制，理顺分配关系，保证资源的有序分配。与以往旧制度下的“大锅饭”工资制相比，本次绩效工资政策改革更多是以一种相对规范和公平的方式，实现工资分配的更新。绩效工资改革一定会带来教师工资待遇水平的变化，但改革目标绝非等价于单纯给教师涨工资，在教师给出的反馈中仍有 34.29% 的教师认为改革是为了教师涨工资，再次暴露出政策宣传不到位的问题。因此，各级教育主管部门应进一步加强正确的舆论宣传，确保每一位教师都了解本次绩效工资改革的初衷。当然，调查中绝大部分教师对这项改革的真实意图还是持有较为理性客观的看法的，这与各级教育主管部门在宣传落实政策中付出的努力呈正比。

（二）教师对绩效工资政策落实情况基本满意，但满意情况存在分类差异

由表 4-2 可知，教师对绩效工资政策的总体情况表示基本满意（选择“较好”与“一般”的教师占多数），但尚未达到很满意的程度，对问题的选择多集中在“一般”程度，占比在 50% 上下。所有问题

中,教师对制度实施的规范性的基本满意度最高,比例达到82.42%,其次是政策的总体有效性,比例为77.81%;在选择“较好”的选项排序中,绩效工资在校内教师之间分配的公平性占比情况仅次于制度实施的规范性,为21.33%;值得关注的是,有158名教师(占比45.53%)认为绩效工资制度的负面效应较大,这些负面效应可能包括绩效工资的实施导致教师面临的考核压力增加、绩效考核和工资分配方案的设计对教师工作积极性的不良影响、教师之间人际关系的紧张等。学校和教育相关部门应保障教师的主体地位,加强与教师的沟通,注重信息反馈机制的建立,便于教师通过合理有效的渠道反映自身的疑惑和发现的问题,促进政策的不断完善。

表4-2　教师对绩效工资政策看法问题的选项统计

问题	较好		一般		较差	
	人数	比例(%)	人数	比例(%)	人数	比例(%)
绩效工资制度对教师绩效区分度	62	17.87	190	54.76	95	27.38
工资在校内教师之间分配公平性	74	21.33	171	49.28	102	29.39
绩效工资制度在实施中的规范性	103	29.68	183	52.74	61	17.58
绩效工资制度在实施中的激励性	59	17.00	194	55.91	94	27.09
绩效工资制度的负面效应	19	5.48	170	48.99	158	45.53
绩效工资政策的总体有效性	68	19.60	202	58.21	77	22.19

注:绩效工资制度的负面效应问题对应的选项依次是没有、较小和较大。

在对教师绩效工资政策是否得到较好落实以及政策有效性的问题调查中,对调查结果按教师性别、年龄、学校和人员性质以及对绩效工资政策的了解情况的差异分别进行统计分析和卡方检验,统计结果如表4-3至4-8所示。

表 4-3　您认为教师绩效工资政策是否得到了较好落实
(不同性别的教师比较)

			是否落实		合计
			0	1	
性别	0	计数	167.0	103.0	270.0
		期望的计数	158.0	112.0	270.0
		相关性别教师所持观点的占比(%)	61.9	38.1	100.0
	1	计数	36.0	41.0	77.0
		期望的计数	45.0	32.0	77.0
		相关性别教师所持观点的占比(%)	46.8	53.2	100.0
合计		计数	203.0	144.0	347.0
		期望的计数	203.0	144.0	347.0
		相关性别教师所持观点的占比(%)	58.5	41.5	100.0

卡方检验结果:$\chi^2=5.626, P=0.018<0.05$,38.1%的女性教师认为绩效工资政策得到了较好落实,低于男性教师(比例为53.2%),两者对政策落实情况的看法存在显著差异。

表 4-4　您认为教师绩效工资政策是否得到了较好落实
(不同年龄阶段的教师比较)

			是否落实		合计
			0	1	
年龄	1	计数	81	83	164.0
		期望的计数	96.2	67.8	164.0
		相关年龄段教师所持观点的占比(%)	49.4	50.6	100.0

续表

			是否落实		合计
			0	1	
年龄	2	计数	84.0	37.0	121.0
		期望的计数	71.0	50.0	121.0
		相关年龄段教师所持观点的占比(%)	69.4	30.6	100.0
	3	计数	38.0	23.0	61.0
		期望的计数	35.8	25.2	61.0
		相关年龄段教师所持观点的占比(%)	62.3	37.7	100.0
合计		计数	203.0	143.0	346.0
		期望的计数	203.0	143.0	346.0
		相关年龄段教师所持观点的占比(%)	58.7	41.3	100.0

卡方检验结果:$\chi^2 = 11.923$,$P = 0.003 < 0.01$,不同年龄层的教师对政策是否得到较好落实的态度差异极度显著。有 50.6% 的 35 岁以下的教师对政策落实情况给予了肯定,一定程度上反映了青年教师对新政策的欢迎和支持;45 岁以上的教师中该比例为 37.7%,这一年龄层次的教师一般工作年限较长、有一定的资历,收入水平也较为稳定;36 ~45 岁的教师对政策落实情况的认可度最低,比例为 30.6%,处于该年龄段的教师相比其他教师面临着来自家庭、人际关系、职业发展等方面的更大压力。

表 4-5　您认为教师绩效工资政策是否得到了较好落实
(不同学校类别的比较)

			是否落实		合计
			0	1	
学校类别	0	计数	100.0	78.0	178.0
		期望的计数	103.9	74.1	178.0
		相关学校类别中教师所持观点的占比(%)	56.2	43.8	100.0
	1	计数	102.0	66.0	168.0
		期望的计数	98.1	69.9	168.0
		相关学校类别中教师所持观点的占比(%)	60.7	39.3	100.0
合计		计数	202.0	144.0	346.0
		期望的计数	202.0	144.0	346.0
		相关学校类别中教师所持观点的占比(%)	58.4	41.6	100.0

卡方检验结果:$\chi^2=0.731$,$P=0.392>0.05$,小学与初中教师对政策落实情况的看法差异不大,39.3%的小学教师对政策较好落实给予了肯定,43.8%的初中教师对政策较好落实给予了肯定。

表 4-6　您认为教师绩效工资政策是否得到了较好落实
(不同人员性质的比较)

			是否落实		合计
			0	1	
人员性质	1	计数	161.0	113.0	274.0
		期望的计数	162.3	111.7	274.0
		相关人员性质教师所持观点的占比(%)	58.8	41.2	100.0

续表

			是否落实		合计
			0	1	
人员性质	2	计数	29.0	17.0	46.0
		期望的计数	27.2	18.8	46.0
		相关人员性质教师所持观点的占比(%)	63.0	37.0	100.0
	3	计数	12.0	9.0	21.0
		期望的计数	12.4	8.6	21.0
		相关人员性质教师所持观点的占比(%)	57.1	42.9	100.0
合计		计数	202.0	139.0	341.0
		期望的计数	202.0	139.0	341.0
		相关人员性质教师所持观点的占比(%)	59.2	40.8	100.0

卡方检验结果：$\chi^2=0.340, P=0.844>0.05$，一线教师与学校中层干部对政策落实情况的看法相互独立。一线教师中有41.2%的人认可了政策的较好落实；中层干部里这一比例为37.0%；一线教师兼中层干部中42.9%的人表示认可。

表4-7　您认为教师绩效工资政策是否得到了较好落实

（是否了解绩效工资的比较）

			是否落实		合计
			0	1	
了解情况	0	计数	66.0	20.0	86.0
		期望的计数	50.6	35.4	86.0
		了解政策教师所持观点的占比(%)	76.7%	23.3%	100.0%

续表

			是否落实		合计
			0	1	
了解情况	1	计数	138.0	123.0	261.0
		期望的计数	153.4	107.6	261.0
		了解政策教师所持观点的占比(%)	52.9%	47.1%	100.0%
合计		计数	204.0	143.0	347.0
		期望的计数	204.0	143.0	347.0
		了解政策教师所持观点的占比(%)	58.8%	41.2%	100.0%

卡方检验结果:$\chi^2 = 15.214, P = 0.000 < 0.05$,相比不了解绩效工资政策的教师,了解政策的教师对政策的落实情况更为认可,二者比例分别为23.3%和47.1%,这也间接反应了政策信息传达与内容宣传对政策实施的影响。

表4-8 您对绩效工资政策的总体有效性如何评价

(政策了解情况的比较)

			总体有效性			合计
			1	2	3	
了解情况	0	计数	11.0	50.0	25.0	86.0
		期望的计数	16.9	50.1	19.1	86.0
		了解政策教师所持观点的占比(%)	12.8%	58.1%	29.1%	100.0%
	1	计数	57.0	152.0	52.0	261.0
		期望的计数	51.1	151.9	57.9	261.0
		了解政策教师所持观点的占比(%)	21.8%	58.2%	19.9%	100.0%

续表

		总体有效性			合计
		1	2	3	
合计	计数	68.0	202.0	77.0	347.0
	期望的计数	68.0	202.0	77.0	347.0
	了解政策教师所持观点的占比(%)	19.6%	58.2%	22.2%	100.0%

卡方检验结果：$\chi^2=5.141$，$P=0.076>0.05$，是否了解绩效工资政策对教师给出的政策总体有效性没有显著的相关关系。在不了解绩效工资政策的教师中，有12.8%的人认为政策总体有效，58.1%的人认为政策总体有效性不明显，29.1%的人认为政策无效；在了解绩效工资政策的教师中，有效、不明显、无效的比例依次为21.8%，58.2%，19.9%。

二、从教师对绩效工资政策实施过程的看法中反映出的情况及问题

（一）教师绩效考核与工资分配机制不够合理

1．绩效考核中的不合理

在对"您认为是否存在用学生的考试成绩代替教师绩效的现象"的回答中，有32.83%的教师（109人）给予了"是"的答案，说明部分学校仍然没有科学确定绩效考核的内容，对教师的德、能、勤、绩进行综合评估。学生的考试成绩只能作为教师教育教学效果的一部分体现，片面强调学生成绩指标，不仅不能形成对教师工作绩效的科学考评，还可能导致教师之间的恶性竞争，不利于整体教学质量的提高。此外，有171名教师（占比51.51%）认为对个人实行绩效考核会损害教师的团队精神，个别教师为了使自己在绩效考核中突出优势，只关注个人业绩的提高，在团队合作中则表现出消极懈怠，缺乏对集体工作的热情。如此，虽然教师实现了个人

绩效的目标,但团队组织的绩效受损,凝聚力下降,也对学生的健康发展造成一定影响。教育工作是一项团队合作的工程,教师的团结协作与联合培养促成了学生的学业进步与健康成长,一流的学校,不仅要有一流的师资,更要有一流的教学团队。因此,绩效工资政策的实施不仅要充分调动教师的工作热情,提高教师的个人工作能力,更要关注教师的团队合作精神的培养。

2. 工资分配机制的不合理

由表4-9可知,在涉及绩效工资分配机制的问题中,64.78%的教师(217人)对学校现行的绩效工资分配方案表示不满,认为这是“拿我的钱奖励我”,不仅再次反映出学校和教育相关部门在政策推行过程中对政策改革的实际意义、绩效工资构成及分配机制的宣传不力,也表明学校可能因为自身问题未能清楚理解政策内容,制定出与政策相符的工资分配方案,反而造成教师的不满。此外,有高达64.78%的教师(217人)认为学校现行的绩效工资标准更多地向干部及行政教辅人员倾斜,违背了政策要求中向一线教师、骨干教师倾斜的原则。比较不同的人员性质对这一问题的回答,结果如表4-10所示:一线教师中有71.3%的人认为这种“官本位”倾斜存在,一线教师兼中层干部中这一比例也达到57.1%,说明部分学校在政策具体实施中有违绩效工资政策的初衷,损害了教师的合理利益。

表4-9 关于绩效工资政策实施过程的问题统计

问题	是		否	
	人数	比例(%)	人数	比例(%)
是否存在“拿我的钱奖励我”的现象	217	64.78	118	35.22
绩效工资标准是否向干部及教辅人员倾斜,而对一线教师、骨干教师并无实质性提高	217	64.78	118	35.22

续表

问题	是		否	
	人数	比例(%)	人数	比例(%)
当前对教师的绩效考核是否有明确的考核条例和考核标准	235	71.00	96	29.00
绩效考核标准是否合理	137	46.28	159	53.72
考核时是否存在用学生的考试成绩代替教师绩效的现象	109	32.83	223	67.17
对个人实行绩效考核是否会损害教师的团队精神	171	51.51	161	48.49
绩效工资总额一定，考核时是否会影响教师彼此间的互评打分	201	60.73	130	39.27
绩效工资实施办法是否经过教代会审议通过	297	89.73	34	10.27

表 4-10　您认为绩效工资标准是否向干部及教辅人员倾斜，而对一线教师、骨干教师并无实质性提高

人员性质		倾斜情况		合计
		0	1	
1	计数	76.0	189.0	265.0
	期望的计数	92.9	172.1	265.0
	相关人员性质教师所持观点的占比(%)	28.7	71.3	100.0
2	计数	30.0	12.0	42.0
	期望的计数	14.7	27.3	42.0
	相关人员性质教师所持观点的占比(%)	71.4	28.6	100.0
3	计数	9.0	12.0	21.0
	期望的计数	7.4	13.6	21.0
	相关人员性质教师所持观点的占比(%)	42.9	57.1	100.0

续表

人员性质		倾斜情况		合计
		0	1	
合计	计数	115.0	213.0	328.0
	期望的计数	115.0	213.0	328.0
	相关人员性质教师所持观点的占比(%)	35.1	64.9	100.0

卡方检验结果：$\chi^2 = 29.698, P = 0.000 < 0.01$，不同人员性质的教师对工资标准倾向性的反应差异极其显著。

（二）政策实施过程的规范性影响工资分配的公平性

政策实施的规范性是影响教师对政策的看法和工资分配公平性认可的重要因素。政策实施规范性对教师对政策看法和工资分配公平性认可的影响的研究主要是通过对"绩效工资实施办法是否经过教代会审议和通过"这一问题的调查来反映。表4-11是对"学校绩效工资实施办法是否经过教代会审议与通过"与"绩效工资政策是否得到较落实"之间的关系的统计分析结果。

表4-11　绩效工资实施办法是否经过教代会审议并通过与教师对政策是否得到较好落实的看法

教代会通过		是否较好落实		合计
		0	1	
0	计数	25.0	9.0	34.0
	期望的计数	20.2	13.8	34.0
	绩效工资实施办法经教代会通过的占比(%)	73.5	26.5	100.0
1	计数	171.0	125.0	296.0
	期望的计数	175.8	120.2	296.0
	绩效工资实施办法经教代会通过的占比(%)	57.8	42.2	100.0

续表

教代会通过		是否较好落实		合计
		0	1	
合计	计数	196.0	134.0	330.0
	期望的计数	196.0	134.0	330.0
	绩效实施办法政策经教代会通过的占比(%)	59.4	40.6	100.0

检测结果：$\chi^2=3.140$，$P=0.076>0.05$，绩效工资的实施办法是否经过学校教代会审议并通过，与教师关于政策有无较好落实的看法无显著相关。

表4-12是对“学校绩效工资实施办法是否经过教代会审议并通过”与“教师对绩效工资分配公平性的认可”之间关系的统计与分析结果。

表4-12 绩效工资实施办法是否经过教代会审议并通过与校内教师之间工资分配的公平性

教代会通过			分配公平性			合计
			1	2	3	
	0	计数	3.0	11.0	20.0	34.0
		期望的计数	7.2	16.7	10.1	34.0
		绩效工资实施办法经教代会通过的占比(%)	8.8	32.4	58.8	100.0
	1	计数	67.0	152.0	78.0	297.0
		期望的计数	62.8	146.3	87.9	297.0
		绩效工资实施办法经教代会通过的占比(%)	22.6	51.2	26.3	100.0
合计		计数	70.0	163.0	98.0	331.0
		期望的计数	70.0	163.0	98.0	331.0
		绩效工资实施办法经教代会通过的占比(%)	21.1	49.2	29.6	100.0

卡方检验的结果:$\chi^2 = 15.842, P = 0.000 < 0.05$,表明教师所在学校的绩效工资实施办法若经过教代会审议并通过,则他们对校内教师之间工资分配的公平性认可度更高,两者关系呈显著正相关。工资具体实施方法未经过教代会审议批准流程的学校教师中,仅有8.8%的人对校内教师之间工资分配的公平性选择了“较好”,32.4%的人选择了“一般”,而这两个比例在完成教代会审议批准流程的学校教师中高达22.6%和51.2%。这也印证了“感知公平的决定性因素是计划及执行政策的过程,而非结果”。

三、从教师对绩效工资政策实施结果的看法中反映出的情况及问题

(一)绩效工资政策实施后,教师总的工资待遇没有得到普遍提高

由表4-13得知,在对“绩效工资实施后您的总工资待遇是否提高”问题的回答中,有94位教师回答有所提高,占比28.40%,其余237名教师表示工资待遇水平与以往持平或有所降低,占比71.6%。可见,就本次调查的区域而言,绩效工资的实施未能普遍提高教师的工资待遇。课题组进一步将绩效工资实施后教师的总工资待遇变化情况依据职称、所教学科和人员性质进行分类比较和卡方检验,得出表4-14~表4-16的交叉表。初级、中级、高级职称的教师中认为实施绩效工资后自己的总工资水平提高的比例分别为34.0%,25.4%,27.0%,但卡方检验的结果($\chi^2 = 2.419, P = 0.298 > 0.05$)表明职称与政策实施后教师总工资水平的提高无显著相关关系。所教学科为语数英的教师和三门主课之外其他学科的教师中认为实施绩效工资后自己的总工资水平提高的比例分别为27.7%和31.3%,但卡方检验的结果($\chi^2 = 0.450, P = 0.502 > 0.05$)表明教师所教学科与政策实施后教师总工资水平的提高也无显著相关关系。一线教师、中层干部、一线教师兼中

层干部中认为实施绩效工资后自己的总工资水平提高的比例分别为25.6%，37.5%和50.0%，卡方检验的结果（$\chi^2=8.062$，$P=0.018<0.05$）显示人员性质与总工资水平的提高显著相关，政策实施后中层干部中工资待遇提高的比例高于普通的一线教师。

此外，由表4-17可知，实施绩效工资后教师总工资待遇的提高情况与教师对政策落实情况的满意度呈显著相关（$\chi^2=52.660$，$P=0.000<0.05$）。感觉工资待遇水平有所提高的教师对政策落实情况的满意度也较高（占比72.0%）；而感觉工资待遇水平没有变化甚至有所下降的教师，对政策实施情况的满意度比例则较低（占比28.4%）。

（二）绩效工资政策对教师工作的激励效果不佳

问卷中设计了有关绩效工资政策激励性的问题。由表4-13的统计分析数据可知，仅有占样本总量14.50%的教师认为在现有的工资水平上，通过努力获得更高奖励性绩效工资的可能性较大，其余85.50%的教师则认为这一可能性较小；占样本总量38.67%的教师赞同绩效工资制度更加关注教师个人发展，其余61.33%的教师则对此持否定意见；在对“您认为绩效工资制度是否更加促进了教师不断提高自身专业水平”问题的回答中，也只有不超过三成的教师（占比28.40%）给予了肯定答案。

表4-13　关于绩效工资政策实施结果的问题统计

问题	是		否	
	人数	比例（%）	人数	比例（%）
绩效工资实施后您的总工资待遇是否提高	94	28.40	237	71.30
您的工资比同类同级别公务员工资高还是低	9	2.72	322	97.28

续表

问题	是		否	
	人数	比例(%)	人数	比例(%)
教师行业与其他行业相比工资是否公平	69	20.85	262	79.15
在现有的工资水平上,通过努力获得更高奖励性绩效工资的可能性	48	14.50	283	85.50
不同学校之间教师绩效工资的差异如何	161	48.64	170	51.36
绩效工资制度是否更加关注教师的个人发展	128	38.67	203	61.33
教师绩效考核制度是否可以有效判定教师的表现	76	22.96	255	77.04
绩效工资制度是否更加促进了教师不断提高自身专业水平	94	28.40	237	71.60

注:问题“您的工资比同类同级别公务员工资高还是低”选项依次为高、低;问题“在现有的工资水平上,通过努力获得更高奖励性绩效工资的可能性”及“不同学校之间教师绩效工资的差异如何”选项依次为较大、较小。

表4-14　绩效工资实施后您的总工资待遇水平是否提高

(不同职称教师比较)

职称		工资待遇提高		合计
		0	1	
1	计数	66.0	34.0	100.0
	期望的计数	71.8	28.2	100.0
	相关职称教师所持观点的占比(%)	66.0	34.0	100.0
2	计数	141.0	48.0	189.0
	期望的计数	135.7	53.3	189.0
	相关职称教师所持观点的占比(%)	74.6	25.4	100.0

续表

职称		工资待遇提高		合计
		0	1	
3	计数	27.0	10.0	37.0
	期望的计数	26.6	10.4	37.0
	相关职称教师所持观点的占比(%)	73.0	27.0	100.0
合计	计数	234.0	92.0	326.0
	期望的计数	234.0	92.0	326.0
	相关职称教师所持观点的占比(%)	71.8	28.2	100.0

表 4-15　绩效工资实施后您的总工资待遇是否提高
(不同学科教师比较)

所教学科		工资待遇提高		合计
		0	1	
0	计数	77.0	35.0	112.0
	期望的计数	79.6	32.4	112.0
	相关学科教师所持观点的占比(%)	68.7	31.3	100.0
1	计数	154.0	59.0	213.0
	期望的计数	151.4	61.6	213.0
	相关学科教师所持观点的占比(%)	72.3	27.7	100.0
合计	计数	231.0	94.0	325.0
	期望的计数	231.0	94.0	325.0
	相关学科教师所持观点的占比(%)	71.1	28.9	100.0

表 4-16　绩效工资实施后您的总工资待遇是否提高（不同人员性质教师比较）

人员性质			工资待遇提高 0	工资待遇提高 1	合计
	1	计数	195.0	67.0	262.0
		期望的计数	186.5	75.5	262.0
		相关人员性质教师所持观点占比（%）	74.4	25.6	100.0
	2	计数	25.0	15.0	40.0
		期望的计数	151.4	61.6	213.0
		相关人员性质教师所持观点占比（%）	62.5	37.5	100.0
	3	计数	12.0	12.0	24.0
		期望的计数	17.1	6.9	24.0
		相关人员性质教师所持观点占比（%）	50.0	50.0	100.0
合计		计数	232.0	94.0	326.0
		期望的计数	232.0	94.0	326.0
		人员性质中的 %	71.2%	28.8%	100.0%

表 4-17　绩效工资实施后您的总工资待遇是否提高与政策落实情况的相关性

工资待遇提高			是否较好落实 0	是否较好落实 1	合计
	0	计数	169.0	67.0	236.0
		期望的计数	139.9	96.1	236.0
		工资待遇提高教师占比（%）	71.6	28.4	100.0

续表

工资待遇提高		是否较好落实		合计
		0	1	
1	计数	26.0	67.0	93.0
	期望的计数	55.1	37.9	93.0
	工资待遇提高教师占比(%)	28.0	72.0	100.0
合计	计数	195.0	134.0	329.0
	期望的计数	195.0	134.0	329.0
	工资待遇提高教师占比(%)	59.3	40.7	100.0

综上所述,通过对教师的问卷调查可以了解到,当前义务教育教师绩效工资政策在实施中存在如下问题:(1) 政策传达渠道不够畅通,宣传力度不到位;(2) 教师对绩效工资政策落实情况基本满意,但满意度存在分类差异;(3) 教师绩效考核与工资分配机制不够合理;(4) 政策实施过程的规范性影响工资分配的公平性;(5) 绩效工资政策实施后教师的总工资待遇没有得到普遍提高;(6) 绩效工资政策对教师工作的激励效果不佳。

第三节　教师绩效工资实施效果的计量分析

在前一节中应用统计分析的方法,对义务教育教师绩效工资政策制定、实施过程和实施结果的调查进行了统计分析并得出了相应的结论。但统计分析的方法只能反映/义务教育教师绩效工资的问题是否显著存在、不同类型的教职员工对绩效工资问题的回答是否存在显著的差异,而不能对问题存在的原因及不同变量对问题的影响程度进行有效分析。本节采用计量分析的方法,对绩效工资政策制定、实施过程和实施结果的影响因素及影响程度进行深入分析,以期得出有益的结论。

本文依据要回答的问题和采用的变量性质及数据类型,选择了逻辑回归模型(logistic 模型)。logistic 模型是

$$\log\left(\frac{p}{1-p}\right)=\beta_0+X^T\beta$$

下面的分析中,odds 是指$\frac{p}{1-p}$,odds ratio 是 odds 的比值。odds 是 p 的增函数。

数据说明:数据里的 Y 都是 0,1 变量,用 P 表示 $Y=1$ 的概率。如果 age =1,则 $Y=1$ 的概率用 P_1 表示;如果 age =2,则 $Y=1$ 的概率用 P_2 表示。结果里面说的"年龄 2 比年龄 1 的人更有可能认为没有必要实施绩效工资"就是说 $P_1>P_2$。其他以此类推。

在此有必要对问卷的结构及与后续分析中符号的对应性做简单说明。第一部分为教师基本信息,包括教师的性别(男,gender1;女,gender2)、年龄(35 岁以下,age1;35 ~45 岁,age2;45 岁以上,age3)、职称(初级,position1;中级 position2;高级,position3)、学校类别(义务教育,school1;非义务教育 school2)、所教学科(语数英,class1;其他,class2)、人员性质(中层管理者,personal1;一线教师,personal2)6 个方面。第二、第三、第四部分的对应问题及代码见下文的分析部分。

本节应用逻辑回归的方法,主要探讨 3 个问题,一是义务教育教师认为绩效工资政策实施的必要性;二是义务教育教师绩效工资实施过程的规范性;三是义务教育教师绩效工资实施结果的有效性。

一、义务教育教师绩效工资政策实施的必要性分析

义务教育教师绩效工资政策是 2008 年底由国务院颁布的,从 2009 年 1 月起,在各省、直辖市、自治区推广执行。但在政策实施的过程中遇到了各种困难和阻力,部分教育主管部门的领导和学

校的校长对政策执行的积极性不高，工作上有畏难情绪；也有部分教师对政策本身有不同的看法，甚至意见很大。为了了解政策本身的合理性和必要性，在问卷中设计了一些问题，通过对一线教师的调查和反馈情况来分析判断政策的必要性，以期为政策的修订和完善起到一定的积极作用。

绩效工资制度的必要性作为因变量，受多种因素的影响，比如制度落实的如何、教师绩效工资制度对教师绩效的区分度如何、绩效工资制度是否公平、绩效工资制度的激励性如何、是否存在负面影响等，这些因素影响教师对实施绩效工资政策的必要性的认知。为了了解实施教师绩效工资政策的必要性，在问卷中设计了以上相对应的几个问题，由被调查的教师来回答，据此调查结果分析政策的必要性和合理性。问卷中对应的问题信息及代码见表 4-18。

表 4-18 绩效工资制度实施的必要性调查中的问题信息

信息代码	问题描述	肯定代码	否定代码
		$Y=1$	$Y=0$
I1	有必要实施绩效工资制度	I11	I10
I2	绩效工资政策是为了提高教师待遇，实行按劳取酬，发挥工资的激励作用	I21	I20
I3	绩效工资制度的总体效应良好	I31	I30
I4	绩效工资政策是否容易落实	I41	I40
I5	绩效工资制度是否能有效区分教师的绩效	I51	I50
I6	绩效工资制度是否公平	I61	I60
I7	制度设计是否规范	I71	I70
I8	绩效工资制度是否具有激励性	I81	I80
I9	绩效工资制度是否具有负面效应	I91	I90

对政策本身的看法，以是否有必要实施绩效工资作为因变量，

以教师的6条基本信息及教师绩效工资政策是否得到了较好落实、绩效工资制度对教师绩效的区分度、绩效工资在校内教师之间分配的公平性、绩效工资制度在实施中的规范性、激励性和负面效应6条信息(统计结果见表4-2)作为自变量进行逻辑回归检验,结果见表4-19。

表4-19 对绩效工资政策看法的回归结果

	Estimate	Std. Error	*z* value	*Pr*(> |*z*|)
(Intercept)	2.044	0.714	2.861	0.004
gender1	-0.092	0.371	-0.247	0.805
age2	-1.47	0.422	-3.481	0.001
age3	-1.641	0.492	-3.336	0.001
position2	0.393	0.429	0.917	0.359
position3	0.558	0.604	0.924	0.356
school1	-0.348	0.308	-1.130	0.258
class1	0.337	0.336	1.003	0.316
personal1	-1.319	0.405	-3.257	0.001
I21	-0.464	0.568	-0.817	0.414
I41	1.651	0.391	4.217	0.000
I51	1.457	1.140	1.278	0.201
I61	1.061	0.837	1.267	0.205
I71	-0.509	0.485	-1.050	0.294
I81	16.120	778.52	0.021	0.983
I91	-0.069	1.284	-0.054	0.957

将因变量对所有的自变量进行logistic回归,表4-19中给出了回归结果。建立的模型的 $R^2 = 0.277\,2$,也就是说认为有必要实施绩效工资的原因有27.72%可以用所有的变量解释。其中,性别、职位、学校、所教的课程、了解国家实施教师绩效工资政策的初衷、绩效工资制度对教师绩效的区分度、绩效工资在校内教师之间分配的公平性、绩效工资制度在实施中的规范性和激励性以及绩效工资制度的负面效应的 p 值均大于0.05,这有可能是变量的不合

理造成的,所以需要进行变量选择,选出对因变量影响最显著的变量。在分析中使用"BIC"信息准则和逐步回归的方法对变量进行选择,回归结果见表 4-20。

表 4-20　选择变量后的回归结果

	Estimate	Std. Error	z value	Pr(> |z|)
(Intercept)	1.830	0.416	4.403	0.000
age2	−1.367	0.321	−4.259	0.000
age3	−1.416	0.383	−3.698	0.000
personal1	−1.314	0.377	−3.488	0.000
I41	1.392	0.349	3.985	0.000
I61	1.399	0.816	1.715	0.086
I51	2.049	1.102	1.860	0.063

从表 4-20 上看,是否认为有必要实施绩效工资主要依赖于年龄、人员性质及绩效工资政策是否得到了较好落实、对教师绩效的区分度和分配的公平性,并且因变量的原因有 25.59%。

从模型分析的结果可以看出:

(1) 年龄在 36 ~ 45 岁和 35 岁以下的 odds ratio 为 $e^{-1.367}$,指年龄在 36 ~ 45 岁的 odds 是年龄在 35 岁以下的 0.255 倍;45 岁以上和 35 岁以下的 odds ratio 为 $e^{-1.416}$,是指 45 岁以上的 odds 是 35 岁以下的 0.423 倍。也就是说年龄在 35 岁以上的比 35 岁以下的教师更有可能认为没有必要实施绩效工资;45 岁以上的教师和 36 ~ 45 岁的教师相比更有可能认为没有必要实施绩效工资。

(2) 一线教师和中层干部(教研组长、年级组长、学校各类主任等)的 odds ratio 为 $e^{-1.314}$,是指一线教师的 odds 是中层干部的 odds 的 0.269 倍。也就是说一线教师与中层干部相比,更有可能认为没有必要实施绩效工资。

(3) 绩效工资政策是否得到了较好落实。认为工资绩效得到落实的教师与认为工资绩效没有得到落实的教师之间的 odds ratio 为 $e^{1.392}$,是指认为工资绩效得到落实的教师的 odds 是认为工资绩

效没有得到落实的教师的 odds 的 4.023 倍。也就是说认为工资绩效得到落实的教师更有可能认为有实施绩效工资的必要。

（4）绩效工资在校内教师之间分配的公平性。认为绩效工资在校内教师之间分配较为公平与认为分配不公平的 odds ratio 为 $e^{1.399}$，是指认为绩效工资在校内教师之间分配较为公平的教师的 odds 是认为分配不公平的教师的 odds 的 4.051 倍。也就是认为分配较为公平的教师与认为分配不公平的教师相比更有可能认为有实施绩效工资的必要。

（5）绩效工资制度对教师绩效的区分度。认为绩效工资制度对教师绩效的具有较好区分度与较差区分度的 odds ratio 为 $e^{2.049}$，是指认为绩效工资制度对教师绩效具有较好区分度的教师的 odds 是认为区分度较差的教师的 odds 的 7.76 倍。也就是认为绩效工资制度对教师绩效区分度较好的教师相比认为区分度较差的教师更有可能认为有实施绩效工资的必要。

这里因为对教师绩效区分度和分配的公平性不显著，所以逐个删掉绩效区分度或分配公平性，再对因变量进行回归，结果见表 4-21。

表 4-21　删除部分变量后的回归结果

	Estimate	Std. Error	z value	$Pr(>\|z\|)$
(Intercept)	1.865 9	0.414 1	4.506	0.000 0
age2	−1.415 8	0.320 0	−4.424	0.000 0
age3	−1.431 4	0.378 6	−3.780	0.000 2
personal1	−1.300 8	0.376 2	−3.458	0.000 5
I41	1.542 5	0.343 6	4.489	0.000 0
I51	2.682 6	1.046 7	2.563	0.010 38

从表 4-21 回归结果来看：

（1）年龄在 36～45 岁和 35 岁以下的 odds ratio 为 $e^{-1.4158}$，是

指年龄在36～45岁的odds是年龄在35岁以下的0.243倍；45岁以上和35岁以下的odds ratio为$e^{-1.4314}$，是指45岁以上的odds是35岁以下的0.239倍。也就是说年龄在35岁以上的教师比35岁以下的教师更有可能认为没有必要实施绩效工资；45岁以上的教师和36～45岁的教师相比更有可能认为没有必要实施绩效工资。

（2）一线教师和中层干部的odds ratio为$e^{-1.3008}$，是指一线教师的odds是中层干部odds的0.27倍。也就是说一线教师与中层干部相比，更有可能认为没有必要实施工资绩效。

（3）绩效工资政策是否得到了较好落实。认为工资绩效得到落实的教师与认为工资绩效没有得到落实的教师之间的odds ratio为$e^{1.5425}$，是指认为工资绩效得到落实的教师的odds是认为工资绩效没有得到落实的教师的odds的4.676倍。也就是说认为工资绩效得到落实的教师更有可能认为有实施工资绩效的必要。

（4）绩效工资制度对教师绩效的区分度。认为绩效工资制度对教师绩效具有较好区分度与较差区分度的odds ratio为$e^{2.6826}$，是指认为对教师绩效区分度较好的教师的odds是认为区分度较差的教师的odds的14.623倍。也就是说，认为对教师绩效区分度较好的教师与认为对教师绩效区分度较差的教师相比，前者更有可能认为有实施绩效工资的必要。

模型模拟结果的$R^2=0.2469$，就是说，对绩效工资实施结果是否认可的原因有24.69%是由年龄、人员性质来解释的。

总体来看，35岁以上的教师认为没有必要实施绩效工资政策，且年龄越大教师对绩效工资政策的认可度越低；一线教师相对中层领导而言认为没有必要实施绩效工资政策；多数教师认为绩效工资政策难以执行和有效落实；超过80%的教师认为绩效工资制度设计很难区分教师的绩效。

二、对绩效工资实施过程的看法

对绩效工资实施过程的看法部分，以是否认可实施过程为因

变量，以教师的6条基本信息以及是否存在“拿我的钱奖励我”的现象；认为绩效工资标准是否向干部及教辅人员倾斜，而对一线教师、骨干教师并无实质性提高；弱势学科在考核时是否受到歧视；绩效考核是否有明确的考核条例和标准；对个人实行绩效考核会不会损害教师的团队精神；考核时是否存在用学生的考试成绩代替教师绩效的现象；绩效考核标准是否合理；绩效工资总额一定，考核时会不会影响教师彼此间的互评打分；绩效工资实施办法是否经过教代会审议并通过等9条信息作为自变量，进行逻辑回归检验。9条问题的信息代码及描述见表4-22。

表4-22　绩效工资实施过程看法的问题及信息代码

信息代码	问题描述	肯定代码	否定代码
		$Y=1$	$Y=0$
I1	是否存在“拿我的钱奖励我”的现象	I11	I10
I2	绩效工资标准是否向干部及教辅人员倾斜，而对一线教师、骨干教师并无实质性提高	I21	I20
I3	弱势学科在考核时是否受到歧视	I31	I30
I4	绩效考核是否有明确的考核条例和标准	I41	I40
I5	对个人实行绩效考核会不会损害教师的团队精神	I51	I50
I6	考核时是否存在用学生的考试成绩代替教师绩效的现象	I61	I60
I7	绩效考核标准是否合理	I71	I70
I8	绩效工资总额一定，考核时会不会影响教师彼此间的互评打分	I81	I80
I9	绩效工资实施办法是否经过教代会审议并通过	I91	I90

通过对调查数据的逻辑回归，结果见表4-23。

表 4-23　对绩效工资制度实施过程的认可情况回归结果

	Estimate	Std. Error	z value	Pr(> |z|)
Intercept	1.408 28	18.931 50	0.074	0.941
gender. 0	-0.342 76	8.598 20	-0.040	0.968
gender. 1	0.342 77	8.598 20	0.040	0.968
age. 1	-0.003 23	12.167 43	0.000	1.000
age. 2	-0.272 97	11.063 73	-0.025	0.980
age. 3	0.276 21	12.951 72	0.021	0.983
position. 1	-0.312 03	14.386 73	-0.022	0.982
position. 2	-0.097 14	10.438 38	-0.009	0.993
position. 3	0.409 19	15.565 02	0.026	0.979
school. 0	-0.207 65	7.302 81	-0.028	0.978
school. 1	0.207 66	7.302 81	0.028	0.978
class. 0	0.346 13	8.114 04	0.043	0.966
class. 1	-0.346 12	8.114 04	-0.043	0.966
personal. 0	0.251 6	9.014 02	0.028	0.978
personal. 1	-0.251 59	9.014 02	-0.028	0.978
I1.0	-8.038 04	9.378 03	-0.857	0.391
I1.1	8.038 05	9.378 03	0.857	0.391
I2.0	-8.199 89	9.642 24	-0.850	0.395
I2.1	8.199 91	9.642 24	0.850	0.395
I41.0	-8.519 34	9.733 57	-0.875	0.382
I41.1	8.519 35	9.733 57	0.875	0.382
I6.0	-8.583 42	9.538 96	-0.900	0.368
I6.1	8.583 43	9.538 96	0.900	0.368
I7.0	-8.587 41	8.830 84	-0.972	0.331
I7.1	8.587 43	8.830 84	0.972	0.331
I8.0	-8.642 21	10.259 18	-0.842	0.400
I8.1	8.642 22	10.259 18	0.842	0.400
I9.0	-7.110 32	15.676 39	-0.454	0.650
I9.1	7.110 33	15.676 39	0.454	0.650

因为数据的原因,不能够直接用一般的 logistic 模型对数据进行回归,而是采用惩罚 logistic 回归(Penalized Logistic Regression)对数据进行建模。将因变量对所有的自变量进行 logistic 回归后得到的结果见表 4-23。从结果上看出,所有的变量的 p 值都大于 0.05,都不显著,这有可能是变量选择不合理引起的,所以我们将对变量进行选择。

进行变量选择后的结果见表 4-24,结果显示教师对绩效工资实施结果是否认可主要依赖于:性别;绩效工资标准是否向干部及教辅人员倾斜而对一线教师、骨干教师并无实质性提高;对教师的绩效考核是否有明确的考核条例和考核标准;考核时是否存在用学生的考试成绩代替老师绩效的现象;绩效工资总额一定,考核时会不会影响教师彼此间的互评打分这几项。模型的 $R^2=0.7262$,也就是说,对绩效工资实施结果是否认可的原因有 72.62% 是可以用性别,绩效工资标准是否向干部及教辅人员倾斜而对一线教师、骨干教师并无实质性提高,认为对教师的绩效考核是否有明确的考核条例和考核标准,考核时是否存在用学生的考试成绩代替教师绩效的现象,以及绩效工资总额一定,考核时会不会影响教师彼此间的互评打分这 5 个因素来解释的。

表 4-24　选择变量后的回归结果

	Estimate	Std. Error	z value	$Pr(>\|z\|)$
Intercept	1.217 64	0.418 36	2.911	0.004
gender. 0	-0.789 99	0.306 80	-2.575	0.010
gender. 1	0.789 99	0.306 80	2.575	0.010
I2. 0	-2.091 79	0.428 82	-4.878	0.000
I2. 1	2.091 79	0.428 82	4.878	0.000
I41. 0	-2.351 6	0.462 33	-5.086	0.000
I41. 1	2.351 60	0.462 33	5.086	0.000

续表

	Estimate	Std. Error	z value	$Pr(>\|z\|)$
I6.0	−2.061 05	0.412 48	−4.997	0.000
I6.1	2.061 05	0.412 48	4.997	0.000
I8.0	−3.259 55	0.519 60	−6.273	0.000
I8.1	3.259 55	0.519 60	6.273	0.000

对回归系数的解释：

（1）性别为男与性别为女的 odds ratio 为 $e^{1.58}$，即性别为男的 odds 是性别为女的 4.85 倍，也就是说男教师更有可能对绩效工资实施过程持认可态度。

（2）认为绩效工资标准并没有向干部及教辅人员倾斜与认为绩效工资标准向干部及教辅人员倾斜，而对一线教师、骨干教师并无实质性提高的 odds ratio 为 $e^{4.184}$，即认为不存在这种现象的 odds 是认为存在绩效工资标准向干部及教辅人员倾斜的 odds 的 65.60 倍，也就是说认为不存在绩效工资标准向干部及教辅人员倾斜这种现象的教师更有可能对绩效工资实施过程持认可态度。

（3）认为当前对教师的绩效考核有明确的考核条例和考核标准与认为没有明确的考核条例和标准的 odds ratio 为 $e^{4.7032}$，即认为当前有明确的考核条例和考核标准的 odds 是认为当前没有明确的考核条例和标准的 odds 的 110.3 倍，也就是说认为当前有明确的考核条例和考核标准的教师更有可能对绩效工资实施过程持认可态度。

（4）认为考核时不存在用学生的考试成绩代替教师绩效与存在这种现象的 odds ratio 为 $e^{4.1221}$，即认为考核时不存在用学生的考试成绩代替教师绩效的 odds 是认为存在用学生的考试成绩代替教师绩效的 odds 的 61.69 倍，也就是说认为考核时不存在用学生的考试成绩代替教师绩效的教师更有可能对绩效工资实施过程持认可态度。

(5)认为绩效工资总额一定,考核时不会影响教师彼此间的互评打分与认为会影响互评打分的 odds ratio 为 $e^{6.5191}$,即认为绩效工资总额一定,考核时不会影响教师彼此间的互评打分的 odds 是会影响的 odds 的 677.96 倍,也就是说认为绩效工资总额一定,考核时不会影响教师彼此间的互评打分的教师更有可能对绩效工资实施过程持认可态度。

总体来看,男性教师对绩效工资执行过程的认可度明显高于女性教师;64.78% 的教师认为绩效工资向中层干部和教辅人员倾斜,从而对绩效工资实施过程的认可度不高;71% 的教师认为绩效考核有明确的考核标准,只有 32.83% 的教师认为存在用学生的成绩代替教师绩效的现象,从这个角度看,教师对绩效工资政策实施过程是认可的;60% 以上的教师认为,在绩效工资总额一定的情况下,会影响教师之间的互评打分,从而影响对他们绩效工资政策实施过程的认可度。

三、对绩效工资实施结果的看法

对绩效工资实施结果的看法,以是否认可实施结果为因变量,以教师的 6 条基本信息及绩效工资实施后总工资待遇是否增加、教师工资比同类同级别公务员工资高、教师行业与其他行业相比工资相对公平、在现有的工资水平上通过努力获得更高奖励性绩效工资的可能性、不同学校之间教师绩效工资的差异大小、绩效工资制度是否关注教师的个人发展、教师绩效考核制度是否可以有效判定教师的表现、绩效工资制度是否促进了教师不断提高自身专业水平、绩效工资实施后是否存在同工不同酬的现象 9 条信息(信息及代码见表 4-25)作为自变量进行逻辑回归。

表 4-25　对绩效工资实施结果的看法的调查问题及信息代码

信息代码	问题描述	肯定代码	否定代码
		Y=1	Y=0
I1	绩效工资实施后总工资待遇是否增加	I11	I10
I2	教师工资比同类同级别公务员工资高	I21	I20
I3	教师行业与其他行业相比工资相对公平	I31	I30
I4	在现有工资水平上通过努力获得更高绩效工资的可能性	I41	I40
I5	不同学校之间教师绩效工资的差异大小	I51	I50
I6	绩效工资制度是否更加关注教师的个人发展	I61	I60
I7	教师绩效考核制度是否可以有效判定教师的表现	I71	I70
I8	绩效工资制度是否促进了教师不断提高自身专业水平	I81	I80
I9	绩效工资实施后是否存在同工不同酬的现象	I91	I90

根据调查数据，进行回归分析，结果见表 4-26。

表 4-26　绩效工资政策实施效果情况的回归结果

	Estimate	Std. Error	z value	Pr(> |z|)
Intercept	-6.903 37	19.201 81	-0.360	0.719
gender. 0	-0.489 9	11.717 33	-0.042	0.966
gender. 1	0.489 85	11.717 33	0.042	0.966
age. 1	-0.119 91	15.856 25	-0.008	0.994
age. 2	2.305 53	17.973 50	0.128	0.898
age. 3	-2.185 67	18.732 15	-0.117	0.907
position. 1	2.028 56	20.902 64	0.097	0.923

续表

	Estimate	Std. Error	z value	$Pr(>\|z\|)$
position. 2	-1.460 16	17.268 69	-0.085	0.932
position. 3	-0.568 45	24.148 68	-0.024	0.981
school. 0	0.505 07	10.598 16	0.048	0.962
school. 1	-0.505 12	10.598 16	-0.048	0.962
class. 0	2.000 75	14.034 35	0.143	0.886
class. 1	-2.000 80	14.034 35	-0.143	0.886
personal. 0	-1.048 64	14.715 48	-0.071	0.943
personal. 1	1.048 59	14.715 48	0.071	0.943
I1.0	-7.857 84	11.313 79	-0.695	0.487
I1.1	7.857 80	11.313 79	0.695	0.487
I2.0	0.009 80	6.854 59	0.001	0.999
I2.1	-0.009 85	6.854 59	-0.001	0.999
I3.0	-6.638 5	10.05695	-0.660	0.509
I3.1	6.638 46	10.056 95	0.660	0.509
I4.0	-6.882 79	9.734 49	-0.707	0.480
I4.1	6.882 74	9.734 49	0.707	0.480
I5.0	-6.112 58	10.840 52	-0.564	0.573
I5.1	6.112 53	10.840 52	0.564	0.573
I6.0	-6.866 32	14.606 11	-0.470	0.638
I6.1	6.866 27	14.606 11	0.470	0.638
I7.0	-6.605 80	10.474 67	-0.631	0.528
I7.1	6.605 76	10.474 67	0.631	0.528
I8.0	-6.102 15	11.932 12	-0.511	0.609
I8.1	6.102 10	11.932 12	0.511	0.609

续表

	Estimate	Std. Error	z value	Pr(> |z|)
I9.0	-6.891 59	9.136 27	-0.754	0.451
I9.1	6.891 54	9.136 27	0.754	0.451

因为数据的原因,不能够直接用一般的 logistic 模型对数据进行回归,所以采用惩罚 logistic 回归对数据进行建模。将因变量对所有的自变量进行 logistic 回归后得到的结果见表 4-26。从结果上看出,所有的变量的 p 值都大于 0.05,都不显著,这有可能是变量选择不合理引起的,所以我们将对变量进行选择和回归。选择变量后的回归结果见表 4-27。

表 4-27　选择变量后的回归结果

	Estimate	Std. Error	z valuc	Pr(> |z|)
Intercept	-2.282 83	0.684 98	-3.333	0.001
I7.0	-1.940 27	0.403 68	-4.806	0.000
I7.1	1.940 27	0.403 68	4.806	0.000
I1.0	-1.526 72	0.377 88	-4.040	0.000
I1.1	1.526 72	0.377 88	4.040	0.000
I6.0	-2.259 92	0.656 40	-3.443	0.001
I6.1	2.259 92	0.656 40	3.443	0.001
I3.0	-1.509 14	0.415 93	-3.628	0.000
I3.1	1.509 14	0.415 93	3.628	0.000
I9.0	-1.287 35	0.383 65	-3.356	0.001
I9.1	1.287 35	0.383 65	3.356	0.001

从表 4-27 可以看出,对绩效工资实施结果是否认可主要依赖于:绩效工资实施后总工资待遇是否增加,教师行业与其他行业相比工资相对公平,绩效工资制度是否更加关注教师的个人发展,教

师绩效考核制度是否可以有效判定教师的表现,绩效工资实施后是否存在同工不同酬的现象。模型的$R^2=0.8305$,也就是说,对绩效工资实施结果是否认可的原因有83.05%是可以由以上5个因素来解释的。

对回归系数的解释:

(1)认为教师绩效考核制度可以有效判定教师的表现与认为不能有效判定的odds ratio为$e^{3.88}$,即认为教师绩效考核制度可以有效判定教师表现的odds是认为不能有效判定的odds的48.45倍,也就是说认为教师绩效考核制度可以有效判定教师表现的教师更有可能认可绩效工资实施效果。

(2)认为绩效工资实施后总工资待遇增加与总工资待遇没有增加的odds ratio为$e^{3.053}$,即认为总工资待遇增加的odds是认为没有增加的odds的21.188倍,也就是说认为绩效工资实施后总工资待遇增加的教师更有可能认可绩效工资实施效果。

(3)认为绩效工资制度更加关注教师的个人发展与认为没有更加关注教师个人发展的odds ratio为$e^{4.52}$,即认为绩效工资制度更加关注教师个人发展的odds是认为没有更加关注的odds的91.82倍,也就是说认为绩效工资制度更加关注教师个人发展的教师更有可能认可绩效工资实施效果。

(4)认为教师行业与其他行业相比工资相对公平的与认为同其他行业相比工资不公平的odds ratio为$e^{3.018}$,即认为工资相对公平的odds是认为工资不公平的odds的20.45倍,也就是说认为教师行业与其他行业相比工资相对公平的教师更有可能认可绩效工资实施效果。

(5)认为绩效工资实施后不存在同工不同酬的现象与认为存在这种现象的odds ratio为$e^{2.57}$,即认为绩效工资实施后不存在同工不同酬的现象的odds是认为仍存在同工不同酬现象的odds的13.127倍,也就是说认为绩效工资实施后不存在同工不同酬的现

象的教师更有可能认可绩效工资实施效果。

总体来看，自义务教育教师绩效工资政策实施以来，71.3%的教师并没有感受到工资的增加，对绩效工资政策对工资的增长效应不认可；77%的教师认为绩效考核制度不能有效评定教师的表现，绩效考核流于形式，绩效工资政策未能发挥有效的作用；61.33%的教师认为绩效工资制度没有关注到教师的个人发展，79.15%的教师认为教师工资与其他行业相比不公平，行业内部存在同工不同酬的现象，对教师绩效工资制度效果认可度较低。

第四节 研究结论

自2009年1月实施义务教育教师绩效工资政策以来已有5个多年头，纵观绩效工资改革的历程，我国各界在探索中前行，积累了一定的经验，在不同地方也形成了各具特色的绩效工资制度模式，对当前和今后的义务教育学校绩效管理改革具有重要的启示意义。目前，教师绩效工资政策在全国普遍推行，通过这几年的宣传和推进，一些教育管理部门、学校、教师对教师绩效的概念从一无所知到基本领会和深刻了解，这本身就是一大进步。让绩效的概念走进教师的脑海，始终提醒教师从绩效的角度来规范教育教学行为，提高教育质量和效率，是绩效管理的又一大进步。从形式上看，教师的绩效工资与教师的工作业绩挂钩，建立了以绩效结果为依据的绩效工资制度，为教师绩效管理提供了政策依据和制度规范；从内容上看，教师绩效有了具体的内容和衡量标准，教师的工作量、工作质量和工作效果都被纳入绩效考核体系，形成了相对全面的评价系统。

教师绩效管理的初衷和目标是清晰和美好的，希望通过“多劳多得、优绩优酬”的制度设计，激励教师提高工作绩效，在实践中尽管遇到了一些挫折，但并不代表政策本身有问题，而是与地方教育

主管部门执行不到位有一定的关系。本书从义务教育教师绩效工资政策实施的现状出发，对当前教师绩效工资政策实施过程中存在的问题，从政策、制度和机制等方面进行调查分析，得出以下结论，希望对今后的改革有所帮助。

（1）在这些年的持久推进和不断改进中，超过半数的教师对绩效工资制度具有较高的认可度，认为有必要实施绩效工资政策；在认为没有必要实施绩效工资政策的教师群体中，年纪较大的教师占较大比例，特别是35岁以上的教师，对绩效工资政策的接受度和认可度较低，而且随着教师年龄的增大，对绩效工资政策的认可度降低。一线教师相对中层领导而言更多地认为没有必要实施绩效工资政策。因此，在绩效工资政策执行过程中，有必要对不同年龄群体及一线教师的态度形成原因进行研究和反思。

（2）在绩效工资政策执行方面，有两点是值得肯定的，一是71%的教师认为绩效考核有明确的考核标准，二是只有32.83%的教师认为存在用学生的成绩代替教师绩效的现象，从这个角度看，教师对绩效工资实施过程是认可的；但政策在执行的规范性、可操作性、公平性、激励性、绩效区分度等方面获得认可的比例最高不超过30%，大多数教师认为执行情况一般或较差，男性教师对绩效工资执行过程的认可度明显高于女性教师。这一结论提醒我们，在制度研究中应重点关注制度的执行效率研究。

（3）在绩效工资执行的公平性方面，64.78%的教师认为绩效工资向中层干部和教辅人员倾斜，这在一定程度上反映了目前的绩效工资政策实施过程中并未实质性地向一线教师倾斜，而是更多地向中层领导和二线教师倾斜，这影响了一线教师对绩效工资政策必要性的认可度，与教师对政策必要性认可度低的结论是一致的。

（4）绩效工资资金分配采用总额包干的方式会严重挫伤教师的工作积极性，而且还会造成教师缺乏团队精神，影响教师队伍的和谐。60%以上的教师认为，在绩效工资总额一定的情况下，采用

总额包干分配方式会影响教师之间的互评打分。在绩效工资资金的分配方式上还需要加以研究。

（5）自义务教育教师绩效工资政策实施以来，71.3%的教师并没有感受到工资的增加，对绩效工资政策的工资的增长效应不认可，当然，绩效工资政策不是单纯的涨工资，这一结果与教师对政策的理解偏误有关。

（6）绩效考核是绩效工资制度的重点和难点，77%的教师认为绩效考核制度不能有效评定教师的表现，绩效考核流于形式，绩效工资制度在绩效考核方面未能有效得到落实。这也是今后绩效工资制度需要进一步改进和完善的地方。

（7）关于绩效工资制度与教师个人发展方面，61.33%的教师认为绩效工资制度没有关注教师的个人发展，造成教师对绩效工资制度效果的认可度不高。结论认为，将教师绩效管理与关注教师个人发展相结合，是绩效工资制度得以长期可持续发展的基础。

（8）长期以来，我国教育方面的法律法规不断强调教师工资不低于地方公务员，但在执行中往往形同虚设，导致教师意见很大。调查中有79.15%的教师认为教师工资与其他行业相比不公平，行业内部也存在同工不同酬的现象。这涉及对教师群体的职业定位，是否可以参照公务员定岗，或以准公务员定岗，需要从行政管理和岗位设置上进一步研究。

第五章　教师绩效工资制度国际经验

第一节　美国义务教育教师绩效工资制度

美国作为西方发达国家的代表，其教师绩效工资制度不仅实施早、规模大，而且成效也很显著，但是美国的教师绩效工资制度有其特殊性。美国地域辽阔，政治上采用联邦制，各个州和学区存在较大的文化差异和经济差异，各个学校的自主权也较大，在这种背景下美国形成了风格迥异、百花齐放的义务教育教师绩效工资制度。下面介绍美国义务教育教师工资制度演进、历史沿革和种类，以及几类典型的制度案例，以总结对中国义务教育教师工资制度改革有益的经验。

一、美国义务教育教师工资制度的演进

美国实施义务教育教师聘用制，义务教育教师受学区和学校的双重聘用。长期以来，美国教育改革的主要目标是通过制定激励性的工资薪酬政策来保持教师队伍的高素质和高质量。在美国义务教育近两百年的发展历史中，美国义务教育教师的工资制度先后经历了轮流寄宿制、年级工资制、单一工资制和以绩效工资制为主的4种模式。

（一）轮流寄宿制

19世纪初，美国正处于农业人口占多数的时期，当时的教师除获得少量的薪酬之外，还可以每星期到不同的学生家里免费食

宿。轮流寄宿制在当时的环境下,有诸多好处:一是通过免费食宿,供应教师所需和改善教师待遇,让教师有更多的精力用于教学;二是食宿在学生家里,有利于教师与学生和家长之间的沟通交流,提升教学质量;三是节约了教育经费支出。在19世纪初中期的历史背景下,轮流寄宿制确实有其实用之处,这是美国最早的教师工资制度。

（二）年级工资制

19世纪末到20世纪初,随着美国工业化浪潮和商品经济的发展,轮流寄宿制已经无法满足当时的教育需求,逐渐被年级工资制替代,各个学校逐渐开始尝试并最终全面使用年级工资制。年级工资制即根据教师所教学生的年级来确定工资,一般任教年级越高,理论上对任教教师的能力要求就会越高,工资也会越高;除此之外,教师工资也受到种族、性别、教龄等因素的影响。年级工资制相对于轮流寄宿制而言,改善了教师的待遇,但是因为种族和性别不同而导致工资不同的制度严重缺乏公平性,影响了当时教师教学的积极性。而此时也出现了绩效工资制思想的萌芽,一些学校开始考虑依据教师的业绩和能力来确定教师工资水平。

（三）单一工资制

20世纪20年代,美国的社会结构开始发生改变,不平等的年级工资制限制了教育的发展。在工人运动的推动下,美国学校开始兴起单一工资制,并逐步成为主流。1921年,丹佛和德梅两个城市首次使用单一工资制,到了1950年,97%的学校都使用了单一工资制。

公平与客观是单一工资制在实施之初就坚持的两大原则。同一个学区或学校中的教师依据相同的标准来确定工资。教师的工资由工作年限和学历来确定,而不受种族、性别等其他因素的影响。也就是说,拥有相同教育年限和相同学历背景的教师会获得相同的工资待遇,而不会因为种族、性别的不同获得不同的工资待

遇。单一工资制是美国使用时间最长的主要的工资制度，至今仍是基础工资最重要的决定依据。

（四）绩效工资制

单一工资制无法体现教师个人表现的差异，不论其教学的努力程度和效果好坏，只要教育年限和学历背景相同便会获得相同的工资，为此，从 1921 年至今，美国许多州和学区一直在进行绩效工资制的改革试验。绩效工资制是把教师的工作业绩作为决定工资水平的一个因素，而工作业绩有一系列的评判标准，包括学生的学业进步情况等。

二、美国义务教育教师绩效工资改革历史前沿

20 世纪 20 年代以来，绩效工资制度在美国一些地区的公立学校中实行。1908 年，美国马萨诸塞州牛顿市（Newton City）率先采用了绩效工资制度。而在 20 世纪 80 年代中期，《国家处在危机中》一书建议教师工资制度应具有“专业竞争性、市场敏感性”，提出了“以绩效为基础”。之后，里根总统也站到了绩效工资制度的阵营呼吁教育部改革，至此传统单一的工资制度再一次饱受质疑。1999 年 9 月，在美国第三届教育峰会上，当时的与会者在教师工资与教学成就挂钩的问题上达成共识，认为义务教育必须将教师绩效与工资挂钩。到了 21 世纪，美国众议院 2001 年通过了《提高教学效果措施法》，建立了公立学校教师绩效工资制度，提出奖励实施绩效工资计划的中小学。2002 年，布什总统签署了一则名为《不让一个孩子落后》的法案，该法案要求公立学校学生参加标准考试。2005 年，《纽约时报》刊登了马萨诸塞州州长为义务教育学校工资改革提出的大胆计划，号召为表现优秀的教师提高薪酬。2009 年，奥巴马政府在全美拉美裔商会上力推教师绩效工资制，重申了支持以绩效为基础的教师工资制度，并提出要增加实行绩效工资的学区。到目前为止，美国绝大多数州都在进行绩效工资改革。

三、美国义务教育教师绩效工资制度的类型

美国绩效工资制度分为3类,分别是个人绩效工资制、学校绩效工资制和混合制①。

(一)个人绩效工资制

为了鼓励教师积极认真投入工作,个人绩效工资制根据教师个人的表现而给予相对应的薪酬,教学效果比较好的教师会获得比较高的薪酬。个人绩效工资制的优点是,可以调动教师的教学积极性,激励效果比较好,同时在教师个人之间形成一定的竞争,有利于教师提升工作业绩;缺点是,如果过度竞争则不利于教师之间的合作。使用个人绩效工资制的地区包括科罗拉多州、佛罗里达州、肯塔基州等,其中以肯塔基州为代表。

(二)学校绩效工资制

学校绩效工资制提供给所有学校成员或者教师团队。学校绩效工资制认为,学生成绩的提高是所有教师共同努力的结果,也是教师和学生合作的结果,因此应该对表现优异的学校的所有老师都进行奖励,也就是集体激励。学校绩效工资制可以有效促进教师之间的合作,避免个人绩效工资制造成的恶性竞争,但缺点是可能会出现有的教师“搭便车”的现象。

(三)混合制

混合制集合个人绩效工资制和学校绩效工资制的优点,克服两者的缺点,一方面根据教师业绩确定工资水平,另一方面依据学校目标完成情况给予学校整体奖励。

比较有名的案例有,2004年被教育董事会和丹佛课程教师联盟的成员所采纳的丹佛公立学校教师专业补偿体系和2006年提

---

① 陈时见,赫栋峰:《美国公立中小学教师绩效工资改革》,《比较教育研究》,2009年第12期。

出的德克萨斯州州长优秀教育者奖励计划等。在这些工资方案中,均将个人绩效工资制和学校绩效工资制相结合应用。

四、美国义务教育教师绩效工资制的一些典型案例

其实美国教育界对绩效工资这张面孔并不陌生,该国大部分高等教育机构、教会学校和私人教育机构都已采用绩效工资制度。但是由于各种原因,在义务教育学校,传统单一的工资制度一直占主流地位。伴随着人们对提高教育质量的持续渴望和实施教育绩效工资制度技术的不断成熟,在两党和各个私人机构的鼎力支持下,美国教育部决定在义务教育学校实施教师绩效工资制度。

美国的绩效工资制度是建立在增值评估理论①的基础上的,它将教师的绩效与学生的进步程度相联系,体现了教师服务的增值性。此外,美国的绩效工资制度在具体操作上体现出实施和改进同步进行的特点。一方面,这样的做法可以形成一种相辅相成的协助关系,同步的改进为实施清扫障碍;另一方面,实施是为了发现问题,而发现问题是为了更好地对方案进行改进,做出更好的绩效工资实施方案。这种不要求一步到位的持续性也成了美国绩效工资改革的一大特色。

值得一提的是,美国的每一所学校都有很大的自主权,可以决定是否采用教师绩效工资制,是否参加州政府主张的所谓改革,以及如何实施绩效改革。政府没有权利强迫任何学校服从,只能提供参与改革的财政支持。这种自主权使得学校可以根据自身特点和需要采取相应的改革。下面介绍几种不同州和不同学校的教师绩效工资考核方案。

---

① 增值评估理论由田纳西州立大学的威廉·桑德斯教授提出,即用学生成绩的进步等指标来衡量教师的绩效。这个理论为美国实施义务教育教师绩效工资奠定了坚实的基础。

（一）佛罗里达州教师绩效工资方案

2011 年，佛罗里达州的立法机构召开了将近 60 天的会议，最终决定着眼于实施这样一项措施———将教师的工资与学生的表现联系起来，并允许教师委员会开除教学水平差的教师。其实在 2010 年，类似的法案也引发了一次投票，但因上一任政府认为法案过于极端没有通过这项法案。2011 年的版本经过了修改，于是轻松赢得了本届政府的支持。

这份法案动摇了佛罗里达州存在几十年的传统的工资制度，引发了两方的争议。支持者认为，不再通过工作资历，而是通过在工作中的表现，换言之，就是对学生学业的促进作用来评价教师会更加容易地奖励州内优秀教师，并促进州内优秀教师的发展。他们说，这样做可以使差的学校吸引到更多的优质教师去从教。一个来自迈阿密的共和党代表 Fresen 资助了众议院的法案，他坦言，这项措施可以消除既不奖励优秀教师也不帮助困难学生的当前的教育系统，取而代之的是一个将会真实评估教师表现的系统。因为教师的工作绩效是持续影响学生学习的众多变量中最重要的变量。

但是也有人反对这项法案，2010 年一直持反对态度的教师联盟和大部分教师仍然认为它还并不成熟。除了学生测试，还没有其他可靠的办法来可持续地评估教师行为，而测试和成绩并没有体现教师职业的价值。除此之外，年度合同制会导致招聘教师的成本变得很低并且难以吸引优秀的应聘者。他们还认为，据教育周刊（*Education Week Magazine*）的年度报道，佛罗里达州的学校在过去的几年时间里取得了飞跃性的成绩，现在正位居联邦政府的第五位，由此可见，教师们都在做正确的事情，引入教师绩效工资制度多此一举。Karen Aronowitz 是代表美国第四大学区教师的 Dade 教师联盟的主席，他反问道："如果他们的成本如此之高为什么学校还要保留有经验的教师？学校不需要对为什么不续签合同

提供理由。今年你还是这个学校的教师但是明年你就得离开,因为没有正当的程序。”教师工会官员也认为,这个法案是有缺陷的,它会分化瓦解已经日渐缩小的教师资源。棕榈滩县教师协会(Palm Beach County Classroom Teachers Association)的主席 Robert Dow 说:“我们被自己的立法机关围困了,人们都非常沮丧,就像看到一辆飞驰而来的火车,不论你说什么,你都不能阻止它。”

法案的通过意味着教师绩效工资制将会在 2014 年开展,内容大概包含以下几个方面:对于老教师来说,学生的表现评估测验会被作为教师考评的一项重要标准,约占 50%,而另 50% 的考评取决于校长。考评的结果公布以后,优秀的教师将获得涨工资或者晋升的奖励,而差劲的员工(维持较差排名 3 ~ 5 年),则有可能被解雇。获得终身教职的教师可以自由选择是否加入教师绩效工资制度。如果他们加入,一方面有可能获得工资的增加,另一方面也有可能因不合格的绩效评估面临被解雇的命运。对于新教师来说,则对他们采取年度合同制,即合同一签一年,从 2011 年 7 月开始实施,通过了考核才能获得新的合同。

该项计划在支付方面需要向联邦政府申请资金才能运转。联邦政府给予了 7 亿美元的支持,来帮助佛罗里达州建立一个教师绩效的评价体系。实施到目前为止,几乎大部分的学区已经申请了资金来展开教师绩效工资制。

(二) 俄亥俄州辛辛那提市方案

辛辛那提市位于俄亥俄州的西南部,俄亥俄河畔,是该州汉米尔顿县的县府。2000 年,辛辛那提市率先采用了教师绩效工资制,是美国第一个用绩效工资制替代传统工资制的城市。也正是这个原因,拥有 42 000 位学生的俄亥俄州被置于实施新型教师责任制的领导者地位。2001 年 9 月,教师和学校管理者们在此对修订过的绩效工资计划进行了一次广泛的讨论和投票。

Susan Taylor 是拥有 3 300 个成员的教师联合会(美国教师联

盟的下属)的主席,他认为,调整过的方案先给了教师学习和实践教育技术的时间,然后再让他们进入绩效考核阶段,这个巨大的改变使得整个薪酬系统变得更加公平。教师们拥有了更多时间适应新系统。绩效工资制在帮助他们理解评估过程、标准和风险的时候,也提供给他们个人更宽广的职业发展平台。具体来说,辛辛那提市的绩效工资计划包括5个职业生涯规划的设计。开展教师评价就是要明确教师是应该进入下一个职业生涯种类、停在原地还是退回到上一个去①。

辛辛那提市的计划得到一些研究人员的关注,威斯康星大学麦迪逊分校开展了一些教育研究项目,想把辛辛那提市的计划和其他地区的结合起来。研究合伙人 Allen Odden 表示,研究结果显示参加了绩效工资制的2 100多名教师中有许多人对该地区实行绩效工资甚至这个过程本身感到困惑,它导致人们巨大的压力。同时研究也表明,到2004年5月为止,剩下的教师会被要求加入考核小组的评估,并以此确定工资标准。只有那些工作经历少于5年,或者被管理者认为还不够资格、需要继续锻炼的教师需要等到满足条件才可以接受评估②。

不仅如此,该区要求每年对教师进行的评估标准在同一地区内必须是一致的。美国教育考试服务的非营利组织普林斯顿新泽西公司(The Educational Service, the nonprofit Princeton, N. J. -based testing company)也加入进来,联合拟订职业发展计划,帮助教师更好地理解目标。

(三) 肯塔基州教育改革方案(Kentucky Education Reform Act, KERA)

肯塔基州的计划是在1990年引入的,以两年为一个周期。在

---

① Alfie Kohn. Standardized Testing and Its Victims. Education Week, 2000.

② Blair, Julie. Teacher performance-pay plan modified in Cincinnati. Education Week, 2001.

课程方面,该州用期望所有学生达到的一系列能力来代替所有州的课程任务,并围绕能力的实际运用进行考核。该州还用一种新的基于绩效的评价代替传统的标准化测验,这种新的评价方法就是肯塔基教学结果信息系统(Kentucky Instructional Results Information System, KIRIS),它与重新设计的州的课程相一致,包含了多样选择、公开回应、档案袋及绩效事件因素①。

在肯塔基州计划中,每个学校都根据 1991—1992 年 KIRIS 的考试成绩设定了基准分数指标。该指标由 6 个部分组成,且每部分权重相同,分别为阅读、数学、社会研究、科学、写作和非认知因素。非认知因素是基于学生出勤率、辍学率、保留率及向成人生活过渡而评判的。基准分数指标满分为 140 分,分为 4 个等级,低于 40 分为初学级别,40 ~ 99 分为杰出级别,100 ~ 139 分为精通级别,140 分为杰出级别。该州的总体目标是在 20 年内,州内所有学校达到精通级别。为了配合这一长期目标的实现,该州又为每个学校设置了两年期的改进目标。

同时,肯塔基州设置了两个奖励层次:(1)1993—1994 学年考试阶段的最高奖励,为每个教师提供 3 690 美元的奖励,这相当于该州前 5 名高薪区教师平均工资的 10%;(2)最低奖励是最高奖励的 50%,即 1 845 美元。

获得奖励的学校,学校内有资格的人员通过多数投票来决定奖金的使用和分配。而未达到以上两个奖励标准的学校必须提交转型计划,州政府会委任一个杰出的教育家和学校员工一起配合工作,来改善学校的薄弱环节,同时,州政府也会为正在衰退的学校提供额外的财政资源来支持这些学校的发展。

① 王昌海,王蕊:《美国中小学教师团队绩效工资制度及其对我国的启示》,《外国中小学教育》,2012 年第 11 期。

（四）Millwood 公立学校的教师激励计划（Incentives for Teachers）

Millwood 学校位于俄克拉荷马州东北部，包括一个艺术学校和一个小学、一个中学。2007 年，经过几个月来州相关部门对教师绩效工资方案的立法听证和讨论，它被挑选出来作为整个州教师激励计划的学习模范。

Millwood 用于激励的奖金全部来自于雷明顿公园（Remington Park）。2006 年，雷明顿递交给 Millwood 学校的基金会价值 62 500 美元的支票，其中 10 000 美元专门用于奖励那些满足 Millwood 学校特定标准的教师。Loretha Sullivan 是该校四年级的阅读课和数学课教师，Gwendolyn Wilson 是该校中学的阅读课和语言艺术课教师，他们每人得到 3 000 美元。八年级的科学教师 Joy Hayes 和中学的数学教师 Judy Altom，他们每人得到 2 000 美元。满足学校特定标准的教师可以获得 4 个级别的奖励，从 1 000 美元到 5 000 美元不等。取得任何一个等级的奖励都有相应难度的要求。例如，要想拿到 5 000 美元的奖励，该教师至少 95% 的学生必须证明其在学术上精通数学和阅读，至少 75% 的学生的平均绩点必须达到 2.0，出席率必须至少在 97%，延迟率不得高于 5%。Sullivan 和 Wilson 拥有的学生中 95% 表现出对数学、阅读、其他三门课中至少两门课的高级掌握水平。Hayes 和 Altom 拥有的学生中 95% 表现出数学、阅读、其他三门课中至少一门课的高级掌握水平。Wilson 表示，自己收到的这份绩效奖励是他因学生取得的成就而收获的“果实”。Hayes 说，奖励是学校的领导和氛围的最好证据，我们在这里就像一个大家庭而不仅仅是一所四面围墙的学校①。

众议院的发言人 Lance Cargill，R-Harrah 曾公开表示，Millwood

① Packham, Jeff. Millwood Public School rewarded for teacher performance pay system. Journal Record, 2007.

公立学校是“现代进步的工资支付计划”的一个成功案例，众议院也打算用立法的方式促进未来的教师绩效工资制度改革。

美国的义务教育教师绩效工资改革激发了广大中小学教师努力工作的积极性。一项调查结果显示，美国教师中有88%的人认为自己的教学更富创新性是采取绩效工资制的功劳，86%的人认为绩效工资制度提高了自己职业生涯的竞争力①。绩效工资制帮助教师开拓职业发展之路，帮助学生在学业上有所进步，教师受益，学生也受益。绩效工资制度还提高了美国部分州和学区的差校的教育水平，起到了促进教育公平的作用。有大量十分优秀的教师前往差校教学，一方面他们可以得到丰厚的收入，另一方面也带动了当地教育质量的提升。此外，绩效工资制度还使学校可以得到更多外援，大部分甚至全部奖金都不需要学校筹集。从里根政府到布什政府，再到奥巴马政府，绩效工资制度得到了共和党和民主党两党的大力支持，还受到私人团体、公众资金和专家的支持，部分地区的公民同意增加财产税来帮助解决资金的困难。

不过，美国绩效工资改革也受到很多质疑，比如一部分未获得奖励的员工因没有受到激励反而受到打击。由于经费有限，优秀教师的数额或者比例被限定在一个数额之内。在现实中，有些教师的绩效尽管也非常优秀，但是却得不到奖励。甚至有研究发现，绩效工资制使得嫉妒的教师比例上升了18%，不愿意与同事合作或者提供帮助的教师比例上升了37%。越来越多的教师只关注自己的学科，为了提高考试成绩而教课，很少有人再去思考教育的真谛。有一些学区甚至出现教师和学校难以协调一致的现象。如在美国辛辛那提市，学校反对一项得到该学区几乎大部分教师同意的方案，于是该方案无法实施。此外，曾经是模范案例的Denver

① 胡四能：《美国教师绩效工资改革述评——以20世纪80年代以来的改革为对象》，《现代教育论丛》，2004年第6期。

公立学校目前危机重重，学校面临优秀人才流失和部分教师罢工的困境。一位 Denver 学校的教师坦诚地说道："金钱不再是一种激励反而变成一种伤害。教学是我自己的选择，而且我做得很棒。"①

五、美国义务教育教师绩效工资改革的借鉴意义

（一）注重实施义务教育教师绩效工资制度的条件保障

只有满足一些基本的条件才能保障绩效工资制度的顺利实施。

（1）要保证资金稳定充足，这是任何一项新制度得以顺利实施的必要条件。如果不满足这一条件，教师绩效工资制度根本无法正常进行，就算实施也无法高质量完成。

（2）要有科学完善的评价系统。该评价系统必须可以提供可靠可信并且真实反映教师工作效果情况的绩效分数，并以此来确定教师工资和指导教学改进，如果无法真实反应，就会造成教师绩效制度失效，甚至产生负面影响。评估系统的作用就是要传递有效的绩效数据，奖励结果根据绩效数据来确定。一般而言评估系统是复杂的，比如评估教师的课堂表现及学生的学业成就，无法用线性关系来表示，需要找出一个合适的方法。

（3）评估教师对绩效工资制度可能做出的反应。教师的经验不同及各绩效工资方案的特点不同，教师会有不同的反应。绩效制度执行前要充分评估这些不同的反应然后修正绩效制度以期投入后达到最好的效果。一是要评估教师的动机，教师必须重视激励，并且明白努力程度、绩效和工资三者之间的正相关关系，在这种情况下，绩效工资制度才能激励教师努力改善教学行为；二是要

① 王静：《美国公立中小学教师工资制度历史发展研究》，福建师范大学学位论文，2008 年。

确保评估的公平性，如果制度安排不公平，教师便不会接受该制度，绩效工资制度也就无法发挥应有的作用；三是要确保评估的可接受性，如果教师不接受绩效工资制度，绩效工资制度便无法有效施行。

（4）必须对教育财政体系、管理及课程等进行相应的调整。在财政体系方面，必须建立新的财政体系，加大政府财政投入。原本中国的义务教育负担主要由县级政府负担，建立绩效工资制度后，绩效奖励的资金不仅由县级政府负担，上级政府也要负担一部分。在管理方面，应该针对绩效工资制度，对原有教育部门进行一定的调整，使其更适应绩效工资制度，为制度实施提供组织保障。在课程方面，应该调整原有课程，建立新的课程标准，以与绩效评价标准相一致。

（二）注重教师绩效工资制度安排的科学性

（1）注重利益人员的全面性。教师绩效工资改革计划不仅包括教师职工，还应该包括校长和学校的管理者。如果不将校长和管理者包括在内，会产生一定的负面影响。一方面，校长和管理者没有动力去完成绩效工资制度改革；另一方面，校长和管理者还可能会脱离有效绩效管理的约束。因此，绩效工资制度作为一种绩效改善制度，应该包括负责绩效改善的所有人员。

（2）鼓励教师参与到绩效工资改革中来。教师作为教学主体，对绩效改善更有发言权，并且作为被评价对象，可更清楚地表现出教师对绩效工资制度的反应。因此，教师参与到绩效工资改革中，有利于发挥绩效工资制度制定的科学性。在美国，教师参与绩效工资改革不仅是法律要求而且也有实践意义。教师组织在促进教师绩效、薪资方案设计、实施、交流和修订中具有重要作用。而中国在教师组织的发展这一块有所欠缺，还不够成熟健全，不利于教师绩效工资制度的科学制定和有效实施。绩效工资制度的设计与具体实施不尽一致，绩效工资制度就算经过极其精细的设计

也不一定能完全保证绩效工资制度的成功实施。在实施过程中也会遇到很多问题需要去修正制度。

（三）个人绩效评价与学校绩效评价相结合

个人绩效评价容易引起教师间的恶意竞争，不利于合作，而学校绩效评价则可能产生部分教师“搭便车”的现象，同时，奖金的分配问题也会引起教师之间的冲突。因此，可以将两种方式结合，对学校同时也对个人进行绩效评价，避免单独使用一种方法产生的问题。

（四）奖金分配的科学合理性

奖金如何分配一直是美国教师绩效评价制度在实施过程中饱受争议的问题。比较有效的解决方案是将学校的奖金分为不同的类别，例如 GEEAP 将奖金分为两部分，绝大部分的奖金用于任课教师的绩效工资，份额较小的一部分用于任课教师的专业发展和非任课教师的奖励。这种分类方法，既有利于将任课教师和非任课教师区分开来，防止“搭便车”现象，也有利于避免教师之间的冲突。

（五）学生成绩不是唯一的绩效衡量指标

学生成绩应该是绩效考核的一项重要指标，但不应该是唯一的衡量指标。因为学生成绩的提高是教师与其他教师一起合作的结果，并不是单独某一个教师努力的结果，教师之间的合作对于学生成绩的提高有很大的影响，所以学生成绩并不是教师绩效评价的唯一指标，在指标设计的时候要创新绩效衡量指标。

六、结语

目前，我国正处在义务教育教师绩效工资制度改革的起步阶段，而改革的目的是为了利用多劳多得的绩效制度充分调动教师的积极性，同时确保义务教育教师的平均工资水平不低于当地公务员的平均工资水平。在具体实施进程中，我国还需要科学地确

定绩效考核的主要内容,积极探索绩效考核的有效方法与考核结果的合理运用。我们要借鉴美国义务教育绩效工资制度改革在二十多年的探索过程中积累的丰富经验,同时结合我国国内的教育现状探索出符合中国国情的义务教育绩效工资制度,促进我国的教育事业更快更好地发展。

第二节　英国义务教育教师绩效工资制度

一、英国义务教育教师绩效工资制度发展的历史背景

最早于 1971 年,英国部分地区实施了基于学生在阅读、写作和算术中测验成绩的教师工资制度①。在 20 世纪 80 年代到 90 年代中期,教师招聘、教师挽留和教师激励等主题在学校教师评价委员会(School Teacher' s Review Body)的年度报告中被多次提到。可以看出,英国关于教师绩效工资制度的设想出现得较早,英国也是世界上最早实施教育系统绩效工资制的国家之一,但由于其本身的弊端和教师的强烈反对,教师绩效工资制度在英国的发展与推行曾一度受阻。自 20 世纪 80 年代起,英国各级教育行政机关一方面开始对教师队伍的培养规划、经费配置和教学质量管理等事项做出政策性及原则性的要求,相继推出了一系列改革措施;另一方面在实践运用和实施方面,赋予学校相当大的权限和自由。这种教育改革在增强英国中小学办学自主性的同时,也意味着绩效责任的到来。英国义务教育阶段教师绩效工资制度经历了多次改革,现如今已形成较为完备的教师绩效工资体系。

1997 年英国工党政府上台后推出了关于教师评价改革措施,

---

① Vivian Troen Katherine C. Boles. How "Merit Pay" Squelches Teaching. Boston Globe, 2005.

其中影响力最大的便是1998年英国教育与就业部发布的绿皮书——《教师:迎接变革的挑战》,该报告宣布了英国中小学教育阶段教师绩效工资制度的实施,也标志着英国中小学教师绩效工资制度开始逐步走上规范化、科学化、合理化的道路。这份绿皮书提出通过教师队伍现代化来提升教师专业标准的策略,而教师工资制度的根本改革就是这一策略的核心任务之一。绿皮书中指出:"现代化的工资制度应该能够吸引足量的卓越人才,奖励优质绩效,提升职业发展,让最优秀的教师获得高额奖励。"绿皮书的建议部分还概述了教师工资改革的4项新措施:第一,引入优秀教师绩效门槛,门槛设置仅依据教师绩效和服务年限,达到门槛要求后方可申请"绩效评价",通过审定程序的即视为成功跨越门槛,而后教师将获得加薪与继续加薪的资格;第二,改革教师评价,使之更为严格,并将其作为评价教师工资水平的重要依据;第三,发布学校绩效奖励项目,这是面向学校层面而非教师个人的奖励项目;第四,开展学校绩效管理项目,作为分配教师福利待遇的依据。然而绿皮书中关于绩效工资的建议引发巨大争议,绩效工资项目在全国教师工会那里遭到惨败。

2000年,英国教育与就业部颁布了《中小学表现管理》,对英格兰各地公立中小学做出了全面修订原有教师评价的要求,其修改依据为政府提出的新的表现管理系统,并对新的教师评价制度进行推广。次年,政府又颁布了新的条例,在原有条例的基础上做了修订,进而提出新的评价架构。按照要求,英国所有公立中小学都要根据自身情况具体制定该校教师绩效管理的方案,政府不规定统一模式,要求学校以书面文件的形式对教师的目标、责任和权利进行明确,以学校为单位贯彻实施。英国政府专门编制的作为各校参考的制度范例中,也对学校绩效管理及其相关制度进行了解释,强调绩效管理是一个持续性的不间断过程,主要由以下3个环节构成:绩效设定(planning)、绩效监控(monitoring)、绩效评定

(review)。此外,英国政府对教师的知识和理解、教师的教学与评价、教师的专业特征以及学生的进步等方面提出了8个标准,并设立指标进行全面考核。这8个标准分别是:(1)有效计划教学,制定可理解的清晰目标;(2)具备良好的学科知识和理解;(3)采用的教学方法能够促使所有学生进行有效的学习;(4)有效组织学生,维持高行为水准;(5)全面评价学生的学业;(6)学生取得丰富的学习成果;(7)有效利用时间和资源;(8)有效利用家庭作业来强化和扩充学习。有了政策条例作为指导,英格兰地区公立中小学开始迅速推广教师绩效评价制度。

二、英国义务教育教师绩效工资制度的实施细则

(一)基本实施方案

绩效工资制度(Performance Related Pay,PRP)即将教师的薪金与其绩效挂钩,通过对教师工作业绩的抽样评估结果来确定教师的工资,教师个人的工作业绩优劣将直接影响其薪酬多少。英国义务教育学校教师绩效工资制度主要以教师的年度评估为基础,通过对教师的知识和技能的测量及其在一段时间内所教授学生的学业成绩来确定教师的工资。

在英国义务教育学校教师绩效工资制度实施初期,根据学校业绩管理制度要求,教师的工作业绩应根据明确的目标和结果进行评估,并将其结果、薪酬与专业发展挂钩。因而每年度的绩效评估将首先设定评估目标,以先前每年度的绩效评估结果及先前制定的目标为中心,对教师已取得的成果及其下一步发展需求进行分析讨论,还可以将其与教师日后绩效评估的目标制定相结合。教师绩效评的评估重点在于如何提高教师的业绩和工作效率,进而有针对性地制定具体的评估内容,以达到认可个人的发展需求。在评估会议结束后的10天内,评估者撰写一份评估报告,以书面形式记录此次评估要点及得出的结论,对被评估者有待发展的方

面也要予以记录，并在附件中写明应采取的改进行动。评估人要将自己写好的报告给被评估者一份，在得到这份报告的10天内被评估者可以添加自己的想法。

学校利用评估报告中以下信息对教师薪酬进行调整：第一，教师的业绩令人满意，学校可以给该教师加一级工资；第二，对业绩突出的教师可以加两级工资但必须在评估报告中说明，说明应包括学生取得的进步等情况；第三，想进入上层收入水平的教师可凭评估报告提出申请；第四，对高级教师和担任领导职位的教师，学校根据评估报告决定在收入方面给符合奖励条件的人予以奖励①。学校依据绩效评估结果判断教师是否达到目标，以此作为提升教师绩效工资的依据。当教师的薪酬水平提升到一定程度时，便可申请业绩门槛评定（performance threshold assessment），评定通过就意味着教师迈向了更高的专业水准，月薪可立即增加10%，并取得获得更高薪酬的资格。

（二）具体实施细则

2000年，英国教育与就业部发布了《学校教师工资与条件文件》，标志着义务教育教师绩效工资制度的正式实施。文件规定教师分为正式教师和临时教师两大类，在实施了教师绩效工资制度后，将正式教师再划分成为主薪教师（main scale teacher/core teacher）和门槛后教师（post threshold teacher）两个等级，其中主薪教师细分为9级，门槛后教师细分为5级。主薪教师通过“绩效门槛”评价后，可升入门槛后教师行列。临时教师细分为10级，小范围实施的高技能教师（AST）细分为27级。

文件对主薪教师加薪的依据、教师的津贴及额外补助等方面做出了规定。首先，文件规定义务教育阶段学校教师的工资由学

① 张园园：《英国义务教育教师绩效工资制度研究综述》，《湖北成人教育学院学报》，2009年第6期。

校相关委员会评定,以以下3个因素作为评定依据:第一,资格,在校时获得荣誉学位的可加级;第二,经验,通常情况下,每年增加一个等级;第三,绩效,依据教师年度绩效确定其工资评定。此外,教师津贴分为三大类:第一,管理津贴,承担学校管理任务的教师可获得;第二,招募与留任,对于任教于紧缺学科的教师给予津贴;第三,特殊类教育津贴,对于任教于特殊教育学校或普通学校特殊教育班的教师给予津贴。其他津贴还包括社会优先学校津贴、伦敦地区津贴、内伦敦地区补助、代理津贴等。文件中还规定了额外补助,比如在职进修补助、培训新教师补助等,对任教于获得“学校成就奖”学校的教师也发放额外补助。

英国学校教师审议会每年都对《学校教师工资与条件》进行审议修订,并由政府审核后公布,具有一定的法律效力。因而目前采用的相关规定与实施细则已经过不断地修订,与2000年的条例有所不同。依据英国2009年《学校教师工资与条件》,义务教育教师分为临时教师、主薪教师、门槛后教师、高级能教师、卓越教师不同等级教师,对各级教师的职责与工资水平做出了相应规定。文件规定,除了内伦敦地区、外伦敦地区和伦敦郊区以外,其他地区义务教育学校内同级别教师均领取同等工资。对不同等级的教师发放不同性质的津贴与补助,如符合条件的主薪教师可获得教学责任津贴与特殊教育津贴,教学责任津贴要求教师专注于教学,能引领、促进学生该课程成绩的提高,能引领该课程或学科其他教师的教学实践等。所有正式教师还可以根据教师个人具体情况领取额外的津贴或奖金,如代理津贴与附加职务津贴。英国义务教育教师还可依据文件规定,对符合条件者可领取教学总会会费补助(General Teaching Councils’ fee allowance)、津贴转化计划补助(Salary sacrifice arrangements)、招募与留任鼓励补助(Recruitment and retention incentives and benefits)、负责学生住宿责任补助(Residential duties)、额外补助(Additional payments)等。

从2009年《学校教师工资与条件》中可以看出,英国政府通过一系列的义务教育教师绩效工资制度的指导规定,致力于提高义务教育学校的教育质量,促进与激励教师不断提高教学能力与教学业绩。

三、英国义务教育教师绩效工资制度的特点

(一) 完善的法律依据,明确的管理职责分工

从前部分内容中可以看出,英国义务教育教师绩效工资制度的实施有着较为明确的法律法规为支撑,使其在具体操作中可以做到有法可依、有据可查。学校教师审议会每年都会在与地方教育当局、教师代表和政党等群体共同协商,经政府审核后公开并发布《学校教师工资与条件》,对义务教育教师的工资和工作条件做出规定,同时发布一份具体的操作指南,地方教育当局必须按照规定要求实施绩效工资制度。此外,与义务教育教师绩效工资制度相关的法律法规还包括1997年工党政府一上台即发布的《学校中的卓越》(Excellence in School)白皮书以及1998年公布的《教师:迎接变革的挑战》绿皮书,既表达了政府对义务教育学校教师工资制度的改革决心,又提出了绩效工资制度的设想,对其具体方案设定及实施提供了法律依据与方向指导。

英国为保障义务教育教师绩效工资制度的顺利有效实施,对有关义务教育教师绩效工资制度的各级部门机构赋予了较为明确的分工,使义务教育教师绩效工资制度在制定、修改与执行这3个方面都得到保证。首先,英国中央教育行政机构负责制度制定与政策指导,具体体现在教育部每年公布《教师工资法》以作为义务教育教师薪酬政策的指导性文件。其次,地方教育行政机构制定地方具体义务教育教师工资制度,地方议会对其兼有决议机能与执行机能,并由各市的儿童服务部制定出整体义务教育教师薪酬政策模板(Model Whole School Pay Policy),指出该地区义务教育

学校薪酬制度的基本原则与具体的教师薪酬等级,然后根据该地区义务教育学校提供的教师结构表,核定各类型和职级的教师人数及其工资预算,并提供校长绩效工资的决定程序与依据标准。最后,学校管理委员会在学校层面依据各校实际情况,在遵守《教师工资法》及地方教育行政机构的法规要求下,制定并修订学校整体的薪酬实施细则,不断完善学校教师绩效管理制度,明确义务教育教师绩效工资的评定依据。学校管理委员会一般下设专门委员会,包括财政预算委员会、课程计划化委员会和人事管理委员会等,也可下设专门的薪酬委员会(The Pay Committee)负责决定学校薪酬计划,由学校管理委员会最终审核决定。

(二)实行教师职级评定管理制度与教师薪酬等级制度

英国义务教育教师的薪酬等级以教师职称为划分标准,在各大类职称中又划分具体等级,以达到将教师按照其教学水平和工作能力进行等级划分的目的。前文提到,根据《学校教师工资和条件》,英国义务教育教师根据职称由低到高有5个级别:临时教师、主薪教师、门槛后教师、卓越教师和高技能教师。

临时教师一般为与学校签订短期聘用合同的教师,学校管理委员会根据该教师的资格和教学经验确定其工资等级,如根据2011年《教师工资法》规定,临时教师共有6个级别,各级别临时教师得到相应薪酬等级的工资。英国义务教育教师中的正式教师大部分为主薪教师,也分为6个工资级别。主薪教师每年需通过学校管理委员会的绩效评定,依据评定结果决定教师工资级别的提升,提升等级可为一个或多个,评定考核的内容强调教师的课堂表现与专业责任。达到主薪教师最高级别的主薪教师,可以申请门槛评价,若经评审符合门槛后教师标准,便可晋级为门槛后教师。门槛后教师工资等级将明显高于主薪教师,其等级提升一般不以教学年限为依据,而是由学校校长或指定的外部评审以教师前一年度的绩效表现为依据,决定该门槛后教师是否获得加级,且

每次最多获得一个等级的提升。卓越教师是门槛后教师之上的高一级别教师,对教师承担责任要求更高,除了完成相应教学任务以外,还要求教师在学校管理、学生管理、专业发展及学校各类资源管理方面承担相应责任,通过对卓越教师的工资性质与其角色所面临挑战的考核,由学校管理委员会决定其具体工资级别。所有符合评价标准的各级职称的教师都可以申请高技能教师职位,且不受教师教学年限的限制,经外部评审审定其具有高技能教师标准的均可授予该职称。

英国义务教育教师绩效工资制度建立在相对统一的教师专业水平评定的指标与标准之上,教师通过对其教师专业水平的考核,获得与之相应的教师职称,从而被分成不同的等级和层次,进而决定其薪酬水平。这一制度使得教师的能力与水平得到了应有的认可与尊重,也体现了"优劳优酬"的薪酬原则。

（三）设置各类津贴与补助

前文提到,英国义务教育教师可根据自身工作具体情况获得相应的津贴与补助,这是对教师工资等级制度的必要补充,以鼓励教师提高教学成果,承担更多教学与非教学责任。津贴的设置更为灵活,有针对性地激励教师提高某方面能力,而教师补助也对保障教师资源分配均衡起到重要作用。英国义务教育教师绩效工资制度对不同教师职称设立不同类别的津贴与补助,并根据具体地区的经济发展与物价水平调整津贴与补助额度,各学校管理委员会也可依据本校实际情况自行设置津贴奖励方案,与完善学校绩效管理政策相适应,共同提高教师教学与学校管理的积极性。

四、英国义务教育教师绩效工资制度的评价

英国义务教育教师绩效工资制度自 2000 年正式实施至今,已历经十余年的改革与发展,在这十余年间,义务教育教师绩效工资制度对义务教育阶段的教师、学生及义务教育环境产生了较为积

极的影响。但不难发现,英国教师绩效工资的推行并不顺利,出现了明显的反复现象,其推行曾一度受到全国教师工会的强烈抗议。对英国义务教育教师绩效工资制度需要以辩证的态度进行评价。

(一) 明确的绩效标准与教师工资的提高,激发了教师教学热情

英国教师绩效工资制度基于教师专业水平的考核,以此确定教师等级,对级别教师绩效标准与职责的明确,以及学校绩效管理中对教师每一年度绩效目标的确定,使得学校教师对自己的工作任务与责任有更清晰的认识,有利于教师更自主、自信地实施教学计划,关注自身职业发展,从而激发教学热情。2011 年英国国家教育研究基金会(National Foundation for Education Research)对教师职业化相关制度进行调查,在受调查的 1 392 名教师中,有 68% 的教师认为绩效管理在很大程度或一定程度上促进了教师的教学与学生的学业成绩,88% 的教师认为绩效管理在很大程度或一定程度上关注到了他们的职业发展需求①。

此外,自英国义务教育教师绩效工资制度实施开始,义务教育教师工资得到明显提高。首先,完善的教师专业水平标准对教师绩效工资的提升提供了依据,特别是跨越职称等级后,教师工资可获得较为明显的增加,而门槛后教师也可继续依据其绩效表现得到绩效工资的提高。此外,各类津贴、补助及绩效奖励的设定,激发了学校与教师对提高教学质量的热情。

(二) 学校之间与教师之间的竞争,促进学校办学质量与教师教学能力的进步

英国在实施义务教育教师绩效工资制度后,充分调动了学校与教师的积极性,合理的绩效目标的设定使得学校与教师更为关

---

① 张影:《英国中学的教师绩效管理——以肯德里克中学为例》,《中小学教师培训》,2014 年第 6 期。

心学生的健康发展与学业成绩，同时对提升学校办学环境、教师教学能力与技巧也起到了激励作用。学校与教师绩效评价中必不可少的便是对学生身心发展与学生学业成绩的考核，因而促使了学校之间与教师之间在教学质量上的竞争，同时教师绩效工资制度中设立教学责任津贴，奖励对学生学习与成长发展起重要影响的教师，这一激励制度也将促使教师更加关注其教学质量与成效及学生各方面的发展需求。在学校层面，各义务教育学校也可通过参与绩效奖励项目，获得更多办学资源，提升办学环境与质量。

（三）有利于义务教育公平与均衡发展

英国义务教育教师绩效工资制度对于英国义务教育公平、均衡发展的贡献可以从以下两点体现。第一，英国义务教育教师绩效工资制度较为完善，对紧缺学科教学岗位及特殊教育岗位都设有津贴，一定程度上保障了义务教育阶段教师资源的合理分配，有利于义务教育公平与均衡发展；第二，英国义务教育教师绩效工资制度，对教师绩效的评定侧重于学生因教师教育教学所取得的进步，而不仅仅关注学生最终的学业成绩，因而教师更加关注每个学生的进步，促进了义务教育阶段的公平性。

（四）英国义务教育教师绩效工资的弊端分析

英国义务教育教师绩效工资制度的推行初期并不顺利，与美国或澳大利亚等其他国家教育领域绩效工资改革相比，英国义务教育教师绩效工资制度有以下几点不足。第一，英国义务教育教师绩效工资制度在刺激学校之间与教师之间的竞争方面表现得不尽如人意。固然绩效工资制度引入竞争，在一定程度上促进教师不断提升自身能力，然而，绩效工资制度也使得学校行政等级化，学校官僚化，学校管理层和教师职工之间关系紧张，同时为了提高教师绩效评价结果，也可能导致不公正或不道德行为发生。英国义务教育教师绩效工资制度并未给学校之间与教师之间带来健康自由的竞争。第二，英国教育教师绩效工资中绩效评价指标体系

不健全，对教师的业绩水平没能给出公平的评价，评价过程也没有保障其科学性和公平性，使得教师对评价结果不满。绩效工资制度不仅没有对教师提升自身教学能力起到刺激作用，相反地，不公正的教师评价打击了教师积极性。第三，教师职业有其特殊性，对教师起激励作用的不仅仅是物质因素，过度重视物质激励措施反而会加剧学校管理层与教师之间的矛盾。一些非物质性质的奖励可能会带来更好的激励效果，加强教师对其职责的内在认同才是激励其不断提升的不竭动力。

五、英国义务教育教师绩效工资制度对我国的启示

（一）完善义务教育教师绩效工资制度的法律法规体系

义务教育教师绩效工资制度需要较为完善的法律法规作为其贯彻执行的法律依据，保障制度的顺利实施。目前，我国义务教育教师绩效工资制度的实施仅有教育部颁发的《关于义务教育学校实施绩效工资的指导意见》（以下简称《意见》），且《意见》中没有对教师绩效评定考核的内容、程序及其标准做出规定，也没有对绩效工资制度的实施方案与具体操作程序做出规定，使得我国义务教育教师绩效工资制度的实施缺乏可依据的、可操作的、统一规范的法律依据与指导，因而完善义务教育教师绩效工资制度的法律法规体系，是推进我国义务教育教师绩效工资制度的重要保障。

（二）制定义务教育教师专业等级评定制度，完善教师评价体系，关注教师职业发展

根据我国《中小学教师职务实行条例》，我国义务教育教师职称分为4级，由低到高为三级教师、二级教师、一级教师和高级教师，其评定依据主要为教学年限与教学成果。首先，要完善教师职称制度体系，设置合理的职称评定办法，规范各级教师的专业标准与岗位责任，然后再将教师工资与职称挂钩，这是实施义务教育教师绩效工资制度的基础。其次，还要建立公平公正的教师绩效评

价体系，建立相对统一的绩效评价指标体系与考核标准，提出具体可行的绩效评价实施程序，以此作为教师绩效工资的确定依据，明确教师专业职责与职业发展方向，促进教师主动承担教学责任与其他有利于提高学校教学质量的责任，如对新教师的培养责任等。

（三）完善义务教育教师绩效工资制度中的津贴设置

《意见》中规定了我国中学教师可享受的津贴，如班主任津贴、岗位津贴、农村学校教师补贴、超课时津贴、教育成果奖励等。总的来说，目前我国义务教育教师的津贴设置多为保障性津贴，主要考虑因素为地区差异与工作量差异。完善我国义务教育教师绩效工资制度的津贴设置，能更加灵活有效地调动教师积极性，激励教师主动承担更多有利于提高学生学业成绩、促进学生健康发展、提高学校办学质量的责任。

第三节　澳大利亚义务教育教师绩效工资制度

一、澳大利亚义务教育教师绩效工资制度的发展背景

自20世纪80年代以来，国际社会掀起了教师职业专业化发展的改革热潮，教师专业发展和工资制度改革成为国际社会的共识，英美等国也开展了一系列教师绩效工资制度的实践尝试。澳大利亚作为世界经济合作与发展组织成员国之一，其社会各界对义务教育教师工资制度改革的呼声也越来越高。引入绩效工资制度，发展教师专业，成为澳大利亚教育改革的重要目标。

澳大利亚教师以往的工资结构相对“扁平”，主要以教师的学历水平与教龄为依据，即在以学历水平层相应的工资起点上，随着教龄的增长增加工资。这种单一工资制度缺乏吸引优秀教师的激励机制，不能调动教师专业发展的积极性与创造性，被指为导致教师队伍流失、教学水平低下、学生学业成绩下降的重要原因。据2006

年世界经济合作与发展组织发布的《教育概览》报告显示，澳大利亚教师工资的增量规模为1.47倍，低于组织内成员国的平均水平即1.7倍，而一些成员国最高甚至达到2倍多，由此可见，澳大利亚教师职业发展在薪酬上的吸引力极其有限。而且澳大利亚教师从入职到达到最高职级的工资水平平均只需要9年，大多数教师能在30岁前达到最高薪级水平，而自此以后不再有工资的提升，因而出现了澳大利亚义务教育阶段的年轻教师频频跳槽的现象。据澳大利亚教育工会的一项调查显示，47%的初任教师不打算从教时间超过10年。澳大利亚以往的教师工资制度意味着随着教龄增加，专业能力提高的教师并不能因其丰富经验与教学技能获得与劳动相应的薪酬水平，这几乎没有提供教师职业持续发展的激励。

此外，英美国家的义务教育教师绩效工资教育政策也影响了澳大利亚的教育体系与教师职业发展方向。在美国的主导下，国际社会开启了教育标准本位运动，其核心为教育标准本位责任制(Standard - based Accountability)，推行绩效为本、优质为先的教师绩效工资制度。在受到英美等国教育与教师工资制度改革的影响下，澳大利亚也实行了一系列教育制度改革，重新思考其教师工资制度的现状与发展方向，加入国际对教师工资制度改革的研讨探索之中。

二、澳大利亚义务教育教师绩效工资制度的改革历程

（一）高级技能教师(Advanced Skills Teacher)计划

澳大利亚基于业绩的教师工资制度有着悠久的历史，20世纪80年代末教师薪酬重构改革中的高级技能教师计划是最近一次与业绩相关的工资制度改革，该计划可以称得上是澳大利亚20世纪80年代以来一次最重要和最普遍的尝试，其指明澳大利亚教师以业绩为基础的专业发展道路，为澳大利亚义务教育教师绩效工资改革奠定了“优质薪酬奖励优质教学”的理念基础。这次计划

旨在将教师的薪酬水平与其教学知识和技能建立内在的联系，鼓励教师专业发展，从而保障优秀教师在教育职业上的持久发展。同时，此计划也提升了传统教育职业生涯发展中一线教师的地位，鼓励最优秀的教师留在教学岗位上。此计划在理论上是合理可行的，但受到实际的局限，并没有完成真正意义上的落实，仅在南澳大利亚州得到部分实施。究其失败的原因主要有以下几点：首先，该计划忽视了对教师业绩评估方法的设计与评估标准的制定，所需的评估时间太长，影响评估结果的质量；其次，教师业绩评估主要由学校组织的未受过专业训练的评估团执行，评价结果的专业性与可信度受到质疑；最后，没有统一的评估方案与程序，学校间采用的评估系统不一致，破坏了这一计划的可信度，使其推行受到阻碍。尽管计划的实施结果不尽如人意，但此计划的设计理论对澳大利亚教师绩效工资制度的发展产生了深远影响，为以后推行以业绩为基础的教师工资制度提供了宝贵经验。

（二）专业教学绩效评估标准的制定

澳大利亚提出了基于知识技能的教师工资制度，重视教师成长与发展，将教师薪酬与学校组织目标的实现相结合，并以此促进教师不断完善其教学知识与技能。相对统一的、专业的、可操作的教学绩效评估标准，是有效实行教师绩效评估的必要条件，教师绩效评估也是实施此教师工资制度的凭证依据。因而制定教学绩效评价的专业标准成为教师绩效工资改革的核心。进入21世纪，分权化的教育体制下的澳大利亚，随着教育改革的不断深入，其对于建立相对统一的教学专业评价标准的思路日渐清晰。

在2003年，澳大利亚教育、科学与培训部颁布了名为《教学与教师教育评论》(The Review of Teaching and Teacher Education)的报告，提出了澳大利亚教育改革的“行动议程”——澳大利亚教师：澳大利亚的未来，呼吁澳大利亚各州“振兴教学专业”。报告提出了以下几点建议：第一，继续完善针对不同生涯阶段教师的全

国教学专业标准;第二,在政府的支持下,由教学专业制定一个全国性的、可信的、透明的标准和一致的方法来评估教学;第三,教师职业发展和工资提高应客观反映作为教学专业的评估业绩;第四,执行高级专业标准和工作水平的教师成就应该得到承认,其薪酬应大幅度增加。该报告还指出,为了吸引、发展和留住优秀教师,应在更广泛的政策范围内将这些计划纳入,在学校中为教师优质教学创造条件①。此外,该报告还制定出明确的教师教学行为评价体系,在此体系框架中,澳大利亚将教师分为新手、普通教师、专家教师3个层次,不同层次教师采用不同教学表现评价标准。此教学评价框架主张由受过专业训练的评审员,分阶段、多次对被评价教师的课堂教学活动进行观察,并对其所授学生的学业成绩进行分析,以完成对教师教学行为的评价,并向被评价教师公开评价过程、评价标准及评价结果,以此为被评价教师提供对其教学知识与技巧进行自我评价、自我提升的参考。

此外,澳大利亚新南威尔士州也成立了独立的学校教师资格认证机构,依照规定程序、标准收集证据进行教师业绩的评估。一方面,每年业绩不佳的教师可能受到被解雇或不予以注册的惩罚措施;另一方面,高成就的教师也可通过此认证程序获得更具吸引力的专业发展前景。基于标准的认证系统的初步建立是澳大利亚教师绩效管理制度改革的可喜开端,但其初期推行情况并不顺利。据2003年南威尔士州审计报告可知,虽然州政府教育部制定的标准被用于指导教师教学评估程序,但学校对此评估标准的理解与运用并不有效,也没有如预期中的对教师教学水平产生指导意义,引导教师的职业发展。绩效管理制度在大多数学校没有得到有效执行或流于形式。

---

① 朱宛霞:《绩效工资制路在何方——澳大利亚教师绩效工资改革反思》,《世界教育信息》,2009年第5期。

（三）政府积极引导下的教育改革阶段

不难理解，教育发展具有其特殊性，从国内外教育改革历程也可以看出，教育改革的动向与成败往往与政府的态度与价值取向相关。进入21世纪以来，澳大利亚政府对教育的投资呈现出逐渐下降的趋势，因而澳大利亚社会各界对于教育的关注从投入方面转向了产出方面，强调教育质量的显性提高。应运而生的教师绩效工资制度改革把教育支出与学校及教师的绩效联系起来，提高了教育资源分配的合理性。受教育改革不断发展的影响，澳大利亚义务教育教师绩效工资制度也进行了与之相适应的改革。

2007年6月中旬，澳大利亚教育部部长朱莉·毕晓普明确提出在中小学推行教师绩效工资制。这一新工资制度为义务教育教师提供了工资激励制度，教师可依据其所授学生取得的学业进步、担任的学校管理和指导责任，以及承担的额外任务的具体情况，获得不同程度的奖励。此外，教育部还通过聘请专职顾问，参考其他职业的绩效工资制及其他国家绩效工资实施的经验，再结合澳大利亚义务教育发展的具体情况，制定科学有效的教师绩效工资制。同时，联邦政府也将会把其对学校的拨款与是否实施了绩效工资制挂钩①。虽然这一提议由于社会各界意见分歧，并没有在真正意义上得到贯彻实施，但这一提议为政府引领的教师工资改革行动拉开了序幕。

澳大利亚进入陆克文总理执政时期，其推行教师绩效工资的国家意识比以往更加鲜明和坚决。2008年1月16日，澳大利亚教育联合会当职主席安吉洛·嘉夫利莱特（Angelo Gavrielatos）再次提议推行“专业工资计划”，并宣布以教育联合会委托新南威尔士大学所属的教育评估公司建立一套标准，作为新工资制度实施的

---

① 李茂：《美澳试水教师绩效工资制》，http://www.cupa.com.cn/Article_Show.asp? Article ID = 20289，2012-8-11.

基础。嘉夫利莱特指出，“专业工资计划”提议以“教师专业国家标准”为基础，以对教师的教学技能、知识和实践的评估成绩为依据来确定教师的薪酬与收入。该计划根据“教师专业国家标准框架”的划分，将澳大利亚的教师职业发展层次细分为19级（以维多利亚州为例，见表5-1），并提高教师趋势薪金与最高级别薪金的增长幅度，将传统的单一依据教龄的工资增长方式，转变为依据教师的专业知识与技能发展水平及所授学生学业成绩来确定教师工资层级①。至此，教师工资改革由理念的确立逐步迈向了实质性的行动阶段。

表5-1　澳大利亚维多利亚州课堂教师等级与对应薪酬

职业发展阶段	级别	薪酬（澳元/年）
初任教师	1级	44 783
	2级	46 060
	3级	47 372
	4级	48 722
熟练教师	1级	51 539
	2级	53 008
	3级	54 519
	4级	56 072
	5级	57 671
专家教师	1级	59 458
	2级	61 302
	3级 （3～5年培训）	63 202
	3a级	64 531

① 马健生，吴佳妮：《标准·绩效·协同——21世纪初澳大利亚教师政策的核心》，《教育科学》，2012年第6期。

续表

职业发展阶段	级别	薪酬(澳元/年)
领先教师	1-1 级	66 371
	1-2 级	68 262
	1-3 级	70 208
	2-1 级	72 209
	1-2 级	74 266
	2-3 级	76 383

数据来源:澳大利亚教育联合会报告《教师绩效工资研究》。

2008 年 8 月,澳大利亚时任总理陆克文与副总理兼教育部部长杰拉德联合发布文告,进一步推进政府雄心勃勃的教育革命。其中,澳大利亚政府推出的“国家优质教学合作伙伴关系”(National Educational Quality Partnership)计划,鼓励学校和地区教育行政部门向表现最优异的任课教师提供奖励。以“国家优质教学合作伙伴关系”计划为代表,澳大利亚政府希望通过提供优厚的福利待遇与奖励政策,为高成就教师提供更具吸引力的职业环境与专业发展前景,“优厚薪酬奖励优质教学”的政策倾向正在不断强化和加深。

2009 年,联邦政府正式委托教育研究委员会专家建立全国统一的教学评估标准,这一标准的建立使得熟练教师和领先教师的确认有了全国统一的框架,也为澳大利亚义务教育教师搭建了一个新的职位晋升阶梯。义务教育教师的职位晋升将取决于对教师教学的评估,考核其是否达到了专业标准。根据这一全国统一的框架,澳大利亚将教师分为本科生水平教师、合格教师、熟练教师及领先教师。按照计划,达到“熟练”教师一级的教师有资格通过向具有合格资历的独立认证机构取得其工作质量和学生成绩提升情况的证明,最终获得绩效工资。这一绩效工资的推出将极大地

促进澳大利亚全国41.5万名中小学教师的职业晋升。同年，为了确保新的绩效工资方案的落实与推进，澳大利亚联邦政府决定将教育财政拨款与地区是否实施了绩效工资制直接挂钩。

三、澳大利亚义务教育教师绩效工资制度实践的反思

同很多国家一样，澳大利亚义务教育教师绩效工资制度的改革不是一帆风顺的，其中，政府对待改革的态度及教师对改革价值取向的认识是影响改革成败的关键因素。

首先，澳大利亚政府始终坚持教育行政分权的立场，曾一度无意领导各州教育改革及教师绩效工资制度的实施，使得改革举步维艰，改革成果也不尽如人意。直到陆克文总理执政后，澳大利亚政府才对教师绩效工资改革表现出越来越鲜明的立场。

其次，澳大利亚政府有着轻公立学校投资重私立学校投资的历史因素，最初代表公立学校教师利益的澳大利亚教育工会对教师绩效工资制，尤其对将工资与学生成绩挂钩的提议强烈抵制。他们认为教师工资制度改革直接影响教师的经济利益，特别是一线教师的经济利益。但是，据澳大利亚教育联合会在2008年对13 000名教师进行的调查，绝大多数教师都支持“工资与教学成绩挂钩”的做法，认为工资水平应该反映出教师的工作能力及资格。70%的教师认为，给教学成绩最好或有着特殊资格的教师增加工资能够减少教师队伍的人才流失①。由此可见，绩效工资的理念在澳大利亚教师群体中获得了坚实的民意基础。教师绩效工资制度得到教师群体的认同是保证制度实施的根本所在。但是正如嘉夫利莱特所说，教师绩效工资改革的真正考验是专业教学评估标准在具体推行中是否能够被教师理解和接受。只有保证实现制度

① 白华，耿会芬：《澳大利亚酝酿推行教师“业绩工资”》，《比较教育研究》，2008年第4期。

理念的具体实践方案与细则的科学性、合理性与可行性，才能顺利得到教师的理解与支持，从而保证教师绩效工资制度的健康发展。

澳大利亚绩效工资改革经历了从“优质薪酬奖励优质教学”理念的确立，到教师专业评估标准的制定，再到政府积极引领改革行动实施的进程。对澳大利亚教师工资改革思路的研究，可以为我国义务教育教师绩效工资的实施提供宝贵的借鉴。

第四节　印度义务教育教师绩效工资制度

印度是一个发展中国家，贫困的学生非常多，普及义务教育仍然存在难度。尽管这些年印度已经在提高义务教育阶段学生入学率的方面做出了大量的努力，但是该入学率还是很低。2010 年的教育现状报告显示，在拥有 300 000 个 6 ~ 14 岁孩童的当地家庭的样本中，尽管学生的入学率超过 95%，但是 60% 的印度学生还没有掌握二年级水平的阅读内容(Pratham，2010)。虽然公共教育普及已成为政府“全民教育”(Education for All)运动的一部分，但是其中仍然存在着大量低效率的教育服务。一项研究引用了印度全国性小学的数据，结果显示，在任何给定的一天，有四分之一的教师缺席，那些缺席的人，不到二分之一在从事教育活动(Kremeret al.，2005)。

为了改进教育质量，有学者在印度进行了基于教师对绩效工资看法的教师绩效工资的研究——实验性地实施绩效工资方案(experimental implementation of a performance pay program)。这个方案是 Azim Premji 基金会(致力于提高印度的初等教育的具有领先地位的一个非营利组织)与 Andhra Pradesh(简称 AP)地方政府的合作项目，同时得到了来自世界银行在教育方面的支持。AP 地区的指标接近全印度的各项指标平均水平：初等教育的总入学率、婴儿死亡率、教育服务的提供如教师缺席率、文盲率等。这个项目不仅仅是对发展中国家关于教师对绩效工资支持水平的第一次尝试,也为全球的教师绩效工资研究做出了巨大贡献。有人说,虽然这个教育试验具有明显的局限性,但是说明绩效工资制作用最好的证据就是印度的教育试验。

为什么要选择使用绩效工资改革来促进教育质量呢?其实绩效工资的一个主要目的就是激励,因为传统的工资制并没有对绩效好的教师给予额外奖励。印度一直以来实行的都是传统的单一工资制。工资的多少与教师的年资、学历等挂钩。对于努力工作的教师来说,他们和那些消极者的获得并没有区别,做好做坏一个样,长此以往,这样一个不奖励优秀、不惩罚拙劣教师的工资系统会导致教师减少工作方面的努力。

Andhra Pradesh 所有常规的公立学校的教师都是被政府雇佣的,他们的工资大部分由经验、职级决定,只依据岗位不同进行微调。他们的平均工资是 10 000 卢比/月,总共的收入(包括津贴等)加起来大概有 25 000 卢比/月(1RMB≈8.1329India Rupees)。

该教育试验把教师分为两组对绩效工资制度进行研究,一组是根据学校的绩效给予集体的奖金,另一组是根据教师的绩效给予个人奖金。奖金的数额设定为一个正规教师一年工资总额的3%,或者是每月工资额的35%。样本是 Andhra Pradesh 的 300 所农村公立学校,它们被随机分成 3 组,每组 100 所学校。一组作为控制组,不加入任何变量;一组给予集体绩效激励(即学校绩效奖励);还有一组给予个人绩效激励。这个实验是在 2005—2006 学年和 2006—2007 学年的 6 月中旬到 4 月中旬展开的。该试验的基准测试被放到 2005 年的 6—7 月,年中测试被放在 2006、2007 年的 3—4 月。教师增值评估的所有数据都基于学生的测试分数。这 3 组的所有数据都从访谈得到,所有这些教师都参与了绩效工资计划,只是还不知道自己的绩效结果。访谈的问题包括教师的教学经验、教育活动及对于绩效工资的看法。控制组的 100 所学

校并没有接触到绩效工资制的任何细节，但是可能意识到基金会会开展试点项目且该项目涉及其他学校绩效奖金。

调查的数据显示，有80%的教师赞成将绩效与工资挂钩，并且这80%里约一半（约45%）的教师表示自己非常赞成。甚至有许多教师对当前没有因教师表现来区分对待的工资制表示很消极（超过75%的教师表示他们的积极性水平是由绩效工资方案来决定的）。参与了教师激励计划的教师比未参与的教师更加支持实施绩效工资制。那些不支持的人一般是年龄较大、经验丰富、基础工资较高的老教师。而且，教师们对 Azim Premji 基金会实施的该项目也表示信任，超过九成的教师表明他们对这个方案非常喜爱。教师们对提供一个有适当标准的评估工具来衡量学生学习成绩的做法非常满意，超过85%的人认为以前对学生进行测试的办法谈不上好或非常好。研究也发现，集体激励和个人激励计划都会引导学生成绩的提高。教师绩效工资制不仅受到教师的普遍欢迎，还可以改善 Andhra Pradesh 地区的教育质量。

75%的教师支持将全部工资的一部分拿出来与绩效挂钩，这个比例在采用个人激励政策的学校达到了78%。这75%的比例表明积极态度的教师可能对于自己的能力表示乐观，相信工资和绩效挂钩以后自己一定会获得收入的增加，或者认为这个绩效工资制会提高人们对教师的尊敬，或者认为工作表现好就应该取得奖励，抑或认为这样做能够全面提升教师工作的积极性。

在绩效工资的内容上，教师们也取得了一致的意见——对帮助学生进步的教师给予奖金。80%控制组的教师赞同甚至非常赞同这种做法，比例稍微高于实行学校绩效工资制的学校，而赞成比例最高的，是采取个人绩效工资制的学校（比例超过88%）。这说明了参与绩效工资制增强了教师对于该方案的支持度，换句话说，教师对绩效工资的事前支持与事后绩效的估计值是呈正相关的。

不过，印度的数据和美国的数据反映的结果并不一致，在美

国,没有那么高比例的教师支持将学生的考试成绩和奖金挂钩。原因可能有以下几点:第一,美国大多数教师对绩效工资制的回答是根据印象而来,具体出台的制度细则可能使得风险厌恶型的教师对变化有警惕性进而反对绩效工资制的建议。印度的这项研究的数据是通过实施绩效工资制下的教师得来的,而美国的被调查的教师却并非如此,所以,印度的教师可以亲身经历到一切而不仅仅凭借想象。因此,尽管问的问题都是关于教师对于绩效工资制的大体看法,结果却完全不同。第二,由于世界其他地区的绩效工资制往往与问责制有关,制定这种制度意味着教师和管理人员之间的敌对关系,这也可能是教师支持度低的原因。第三,考试是印度教育系统的一个组成部分,以至于以促进学生考试成绩提高为评估标准在某种程度上来说也是公平的。这与美国历史短、水平高的教育系统形成了鲜明对比。

由上述可知,把部分绩效工资和客观的考核标准结合起来不仅可以促进学生的学业,而且会受到教师的普遍欢迎。符合教师专业标准的评价系统更有可能被教师所接受,即绩效工资制多融入一些教师的自我意识,加上公平透明的管理,是容易被教师群体接受的。因此,教师的反对并不一定会成为绩效工资制难以开展的原因。随着时间的延长,绩效工资制会吸引更多更好的教师留在教育行业,这个绩效工资制的长久效应也被 Ludger Woessmann 在跨区域的研究中所证实。

第六章　探索义务教育教师绩效工资保障机制

通过前文对义务教育教师绩效工资制度现状的分析和实证研究,可知目前我国义务教育教师绩效工资政策在实施的过程中仍存在不少问题,如何解决这些问题,见仁见智。本章从绩效工资政策实施的制度和机制保障的角度提出几点想法,以期对研究发现的问题做相应的回应,并对教师绩效管理的实际工作起到一定的指导作用。

第一节　树立正确的教师绩效观

我国义务教育教师绩效工资制度改革涉及范围广、改革力度大、政策敏感性强、与广大教师群体的切身利益息息相关,需要学校及政府相关部门认真做好政策的宣传解释工作,帮助教师全面了解政策的指导思想、核心目标、主要内容及价值意义,深刻理解绩效工资政策中的绩效考核与分配机制,引导教师以正确的心态了解绩效工资的激励作用,努力消除因对政策的认识不足引起的误会与冲突,树立正确的绩效观。

教育主管部门要吃透政策精神,深入学校做好对政策的解读工作,对教师不理解和理解偏差的地方要进行具体的政策解释,特别是对一线教师、骨干教师和青年教师做好解释工作,让大多数的教师能对政策有全面的了解。针对目前发现的教师对政策认识的误区,教育部门应着重做好以下工作:

(1) 让教师们能正确领会国家实施绩效工资改革的目的和初

衷。教师们应该认识到，改革旧的工资分配制度，实行绩效工资制度，是要构建全新的更为科学、公平、有效的激励体系和工资分配体系，保障教师的工资待遇，稳定教师的社会地位，提高整体教育质量，最终促进我国义务教育的均衡发展。

(2) 明确提出绩效工资制度不等于“涨工资”的政策主张。如前所述，此次绩效工资改革的目标是要建立与义务教育学校教师绩效考核相结合的新的激励与薪酬调整机制，而非简单理解的“涨工资”，要把教师的薪酬制度设计与教师的工作绩效相挂钩，建立“多劳多得、优绩优酬”的分配体系。

(3) 扭转教师对绩效工资经费组织方式认识上的偏差。前文的实证分析反映了目前还有许多教师对绩效工资中奖励性绩效工资来源的认识有偏差，多数教师认为这是“拿我的钱奖励我”，反映了教师们还留恋旧的工资模式和分配方式，对新的分配机制的价值和意义认识不足，教育主管部门和学校应给予解释。

(4) 纠正绩效工资分配中的不公平导向。针对部分学校在绩效工资分配中出现的向干部与行政人员倾斜的现象，教育主管部门应加大对学校管理制度的审查和审核，纠正不公平的分配行为。分配制度一定要突出政策本意，即“多劳多得、优绩优酬，重点向一线教师、班主任、骨干教师与做出突出成绩的其他工作人员倾斜”的分配原则，避免出现损害一线教师利益的现象。

(5) 营造良好的绩效文化。义务阶段教师绩效工资制度的开展及长期有效推行离不开广大教师的全力支持与配合，而只有当教师在文化层面形成对绩效工资制度的认同，这一制度才能真正深入人心，长期有效推行。在义务阶段教师绩效工资制度实施的整体过程中，学校要在尊重教师、关注教师发展、服务教师的同时，强化教师的绩效责任意识，将刚性化的绩效工资制度建立在学校柔性的绩效文化氛围之上。只有在“以人为本”的良好文化氛围下，绩效工资制度的实施才能真正促进教师发展、促进教育发展。

(6) 树立教师主人翁的绩效观,自觉履行绩效责任。教育部门和学校应强化教师对绩效管理和考核的主人翁意识,教师绩效管理和考核不是学校或教育主管部门强加在教师头上的"紧箍咒",而应成为教师追求职业发展的自觉行为。只有教师积极参与绩效工资政策的实施过程,才能有效维护自身的合法权利,才能有效兑现教师的知情权、表达权和民主监督权利。同时,作为人类知识的传授者和学生心灵的培育者,教师肩负着教书育人的重大责任,而绩效工资政策正是强调关注教育质量,鼓励教师更多关注学生综合素质的全面发展,自觉履行教育发展的绩效责任。因此,正确的绩效观既注重对教师职业认同感的提升,也要求教师实现社会价值,而非将教师职业仅仅作为谋生或获取经济利益的手段。

第二节 完善绩效考核和工资分配制度

一、坚持教师绩效考核的基本原则

学校构建的教师绩效工资考核体系是影响绩效工资公平性的关键所在,也是充分发挥绩效工资激励作用的前提。为此,学校在教师绩效考核中必须遵循两个原则,即能力和绩效导向原则、公平与效率兼顾的原则。能力和绩效导向原则要求绩效考核应集中体现教师的能力与贡献,以达到吸引和激励优秀人才的目的;公平与效率兼顾原则要求学校在明确自身战略发展目标的基础上,兼顾大多数教师的利益与需求,保证教师的合理收入水平,把教师之间的收入差距控制在合理范围内,同时兼顾效率,坚持"多劳多得,优绩优酬"的原则,保证教师绩效工资分配的导向作用与激励作用。

二、完善绩效考核体系

科学合理的教师绩效考核体系应该要结合教师的职业特点、

专业要求和教育成果的特殊性,对教师绩效进行多维度、全方位的综合考评。在指标选取和标准确定上,教育部门和学校应注重对义务教育基本特点和要求的体现,既要全面涉及教师的教育教学工作,又要具体明确;既要简明扼要,又要公正客观。此外,还应考虑将教师参与团队工作的表现纳入个人绩效考核体系中,关注团队合作。绩效工资有利于增强教师的工作热情和竞争意识,但也可能破坏教师之间的团队合作精神与和谐的人际关系。考核体系若单纯考查教师个人工作绩效,有可能导致教师保守个人经验,消极对待集体合作任务。因此,绩效考核体系中可以有针对性地选取一些与教师团队如教研组、以班级为单位的教学小组等有关的考核标准,鼓励教师之间的集体协作,发扬团队合作精神,促进教师队伍的整体发展和教学质量的稳健提升。

三、采用多元化综合评价的考核方法

为保证教师绩效的评估考核的科学合理、全面客观,有必要借助多方面、多途径的评估方法。绩效评估考核中可以加入领导评价、同事评价、教师自我评价、学生评价、家长评价及其他相关方评价等方法,在具体考核教师绩效时,将上述评价中得到的信息一并纳入参考;要不断完善考核载体,可采用指标要素测评、业务知识测试、争先创优活动等多种形式完善考核载体,通过多种形式全方位反映教师的业绩和贡献。综合测评一定要打破“唯学生成绩”的传统做法,将教师的职业道德、专业技能、学生的发展成长过程和习得性素养全面纳入对教师的评价中,这是教师绩效考核的重要标尺。这种考核方式将促使教师更加关注学生的需要,尊重学生、理解学生、解放学生、帮助学生,更加注重学生的综合发展,培养学生的学习兴趣、情感、意志品质和习得性技能,符合素质教育中“把时间还给学生、把健康还给学生”的要求。在综合性评价模式下,学校要有计划、有落实、有监督、有检查、有评定,让教师做到

心中有数，自觉按照《教师职业道德规范》和各项制度规范自己的教育教学行为。综合评价要分类评价，对教师、教辅人员和承担班主任工作的教师要分别评价，评价指标也应有总有分，兼顾共性和个性指标的统一，但指标设计的框架都要考虑德、能、勤、绩 4 个方面，每个模块的权重应根据其特点进行调整。

四、规范绩效工资的执行程序

考核结束后，在绩效工资的分配过程中，应坚持公平、公正、公开的原则。学校制定的绩效工资分配方法必须是民主制定，经教工大会或教代会审议通过，报经学校相关主管部门批准后实施的。同时，学校应建立完善的政务公开、校务公开制度，促进对工资分配过程的民主管理与监督。目前的绩效工资制度大多是以学校为单位自行制定的，在制定方案的过程中，要让每位教师公平参与，充分发表意见，在吸收每位教师意见的基础上，按照分工不同、统筹兼顾的原则，形成绩效工资方案，经过学校教代会审议通过后才能执行。

对于刚刚起步的教师绩效工资制度，一定存在各种不足，在制度的运行过程中也会产生各种矛盾，这就要求学校经常与教师沟通，请教师提出反馈意见，以便了解方案中存在的各种问题。特别是当一轮评价结果出来以后，要及时与教师交流和沟通，在吸收教师正确意见的基础上调整方案、修改规则，目的是使教师绩效工资制度成为促进教师积极提高工作业绩的推进剂，而不是绊脚石。

第三节　构建多维的绩效工资保障机制

一、构建多样化的教师激励机制

教师绩效工资制度旨在形成一种全新的薪酬激励机制，但薪

酬激励只是教师众多激励方面中的一个方面，多样化教师激励机制的构建，可以为绩效工资制度的实施增加更强的推动力。学校可以转变单纯以绩效工资的薪酬激励为主的教师激励理念，创新多样化的激励机制，充分尊重教师的主体地位和个体差异性，创造有利条件满足教师的合理需求。比如，学校可以通过各种荣誉奖励如优秀教师、先进个人、优秀教研组等称号的设置，在精神上给予教师激励。学校还可以为教师创建健康融洽、互尊互重的工作环境，营造积极向上的校园文化氛围，促使教师热爱自己的工作，热爱自己的学校，通过校园文化的魅力激励教师，增强教师的凝聚力。

二、重视反馈机制，建立学校与教师的信任感

绩效工资制度的实施是一项系统完整的工程，不是简单的上级对下级的政策贯彻执行，还要重视政策实施对象即教师群体的反应与反馈。学校应建立一个信息反馈机制，给予教师足够的空间发表心声，并保持与教师之间的有效沟通，彼此建立信任感，促进教师绩效工资考核的不断完善。

学校特别要重视教师对评价结果的反馈与认同，如果教师对绩效工资的公平性和合理性产生疑问，那么绩效工资就失去了应有的激励作用，绩效评价的反思和调控功能就不能得到有效发挥，不仅使教师的自尊心和自信心受到打击，还会招致教师的不满和怨恨。教师绩效评价就其功能来说，一方面是要区分教师的工作业绩，实行优绩优酬；另一方面是要通过评价发现绩效不高的教师在工作上存在的不足，从而有的放矢地帮助教师不断改进工作，逐步得到自我提升和发展。也只有这样，学校与教师之间才能建立信任感，教师才能在学校的大家庭中愉快地工作、全身心地投入。

三、加大外部和校内的监督力度

教师绩效工资制度在我国刚刚起步，与之配套的相关规章制

度仍处于萌芽阶段，尚未成熟，需要我们逐步建立和完善，绩效工资监督制度就是其中之一。有效的监督是政策得以顺利落实的重要保障。在学校内部，绩效工资的实施过程应该接受民主监督，尤其是教师绩效考核与绩效工资的分配过程，学校应尊重教师的主体地位，保障教师参与制定绩效考核工资方案的合法权利。同时，学校还可成立由专门人员构成的监督小组，加强学校在绩效工资政策实施过程中的自我审查，定期检查政策落实程度，评估绩效工资实施方案是否科学合理，找出不合理的问题，及时纠正，不断完善。

教育主管部门当然是学校绩效工资的监督主体，每年应该定期对学校的绩效工资制度实施情况进行监督检查和评估。此外，教育主管部门也可以建立学校之间相互监督的机制，互派监督小组对兄弟学校的绩效工资政策实施情况进行监督和交流，通过与其他学校的经验沟通和交流，取长补短，改进和优化本校的绩效工资制度。

参考文献

[1] 王大磊:《美国教师绩效工资制度及其对我国师资队伍建设的启示》,《外国中小学教育》,2009 年第 4 期。

[2] 蔡永红,林崇德:《绩效评估研究的现状及其反思》,《北京师范大学学报(人文社会科学版)》,2001 年第 4 期。

[3] Scotter, J. R. V. , Motowidlo, S. J. Interpersonal Facilitation and Job Dedication as Separate Facets of Contextual Performance. Journal of Applied Psychology, 1996.

[4] 张敏:《适应性绩效:教师绩效机构的新发展》,《高等工程教育研究》,2007 年第 2 期。

[5] 陶祁,王重鸣:《管理培训背景下适应性绩效的结构分析》,《心理科学》,2006 年第 3 期。

[6] Pulakos, E. D. et al. Adaptability in the Workplace: Development of a Taxonomy of Adaptive Performance. Journal of Applied Psychology, 2000.

[7] 马可一:《适应性绩效》,《商业研究》,2003 年第 22 期。

[8] 张敏:《适应性绩效:教师绩效机构的新发展》,《高等工程教育研究》,2007 年第 2 期。

[9] 赵曙明:《绩效管理与评估》,高等教育出版社,2004 年。

[10] 曹成麟,等:《心理契约的概念、主体及构建机制研究》,《经济社会体制比较》,2007 年第 2 期。

[11] Schein. E. H. Organization Psychology. Englewood Cliffs: prentice—Hall, 1980.

[12] 施恩:《职业的有效管理》,生活 · 读书 · 新知三联书店,1992 年。

[13] Kotter. J. P. The Psychological Contract, California Management Review, 1973(15).

[14] Shore, Barksdale. Examining Degree of Balanced Level of Obligation in the Employment Relationship: A Social Exchange Approach. Journal of Organizational Behavior, 1998.

[15] Hui-Chi Chu, Chi-Jung Fu. Proceedings of AHRD 2006 International Conference, The Influences of Leadership Style and Climate to Faculty Psychological Contracts: A Case of S University in Taiwan, 2006.

[16] D. Rousseau. Psychological and Implied Contracts in Organizations. Employee Rights and Responsibilities Journal, 1989(2).

[17] 王海威,孙林:《大学教师心理契约的特征及其管理对策》,《中国高教研究》,2009 年第 10 期。

[18] 朱成科,李志超:《论农村教师流失控制中的心理契约策略》,《江苏教育研究》,2010 年第 8A 期。

[19] Rousseau D M. Psychological Contracts in Organizations: Understanding Written and Unwritten Agreements sage 1995.

[20] Lee C, Tinsley C H, Chen G Z. Psychological Normative Contracts of Work Group Member in the US and Hong Kong. in Rousseau (Ed) Psychological Contract in Employment: Cross National Perspective, sage 2000.

[21] 胡平,刘俊:《心理契约发展与教师职业生涯管理》,《清华大学教育研究》,2007 年第 4 期。

[22] 冯莎:《高中教师心理契约研究》,《内蒙古师范大学学报(教育科学版)》,2008 年第 10 期。

[23] 师玉生,安桂花,张素:《小学教师心理契约与个人教学效能

感研究》,《宁波大学学报(教育科学版)》,2014 年第 1 期。

[24] 胡平,刘俊:《心理契约发展与教师职业生涯管理》,《清华大学教育研究》,2007 年第 4 期。

[25] 金艾裙:《基于心理契约的中学教师动态管理》,《中国教育学刊》,2013 年第 12 期。

[26] 贾汇亮:《教师评价——绩效考核的基础上的专业发展》,《现代中小学教育》,2007 年第 5 期。

[27] 高广学,施丽梅:《对教师绩效评价的思考》,《齐齐哈尔大学学报》,1999 年第 5 期。

[28] 蔡永红:《对教师绩效评估研究的回顾与反思》,《高等师范教育研究》,2001 年第 3 期。

[29] 张俊友:《客观对待教师绩效评价和发展性教师绩效评价》,《教育学报》,2007 年第 1 期。

[30] 段丽:《论"以人为本"的教师绩效评价》,《大学教育科学》,2003 年第 4 期。

[31] 王福春,孙雅文,韩斌:《科学考核巩固高校人事制度改革的成果》,《中国冶金教育》, 2002 年第 2 期。

[32] 宋倩:《自我效能感及其在班级管理中的运用》,《职业教育研究》, 2006 年第 12 期。

[33] 姜红:《绩效评估在教师职业发展中的应用》,《教育探索》,2005 年第 4 期。

[34] 栗明方,颜廷银:《教师绩效考核应走综合评价之路》,《天津教育》, 2009 年第 4 期。

[35] 曾院珍:《义务教育学校教师绩效考核体系的构建》,《学理论》, 2012 年第 16 期。

[36] 王嘉依,王少华:《经济学视野下的教师绩效考核》,《教学与管理》, 2009 年第 7 期。

[37] 孙喜亭:《教育原理》,北京师范大学出版社,1993 年。

[38] 陈赟:《20 世纪 90 年代教师工资问题研究》,《清华大学教育研究》,2003 年第 1 期。

[39] 国家教委:《提高中小学教师工资标准的实施办法》,1988 年。

[40] 吴全华:《教师绩效工资的潜在影响》,《教育发展研究》,2010 年第 12 期。

[41] 国务院办公厅国办发〔2008〕133 号《国务院办公厅转发人力资源社会保障部、财政部、教育部 <关于义务教育学校实施绩效工资指导意见的通知>》。

[42] 中华人民共和国教育部〔2008〕15 号《教育部关于做好义务教育学校教师绩效考核工作的指导意见》。

[43] 田正平,杨云兰:《建国以来中学教师工资制度的改革》,《教育评论》,2008 年第 6 期。

[44] 周宏伟:《教师绩效工资改革的问题与对策研究》,《经济研究导刑》,2011 年第 22 期。

[45] 陈时见,赫栋峰:《美国公立中小学教师绩效工资改革》,《比较教育研究》,2009 年第 12 期。

[46] Alfie Kohn. Standardized Testing and Its Victims. Education Week,2000.

[47] Blair,Julie. Teacher Performance - Pay Plan Modified in Cincinnati. Education Week,2001.

[48] 王昌海,王蕊:《美国中小学教师团队绩效工资制度及其对我国的启示》,《外国中小学教育》,2012 年第 11 期。

[49] Packham,Jeff. Millwood Public School Rewarded for Teacher PerFormance Pay System. Journal Record,2007.

[50] 胡四能:《美国教师绩效工资改革述评——以 20 世纪 80 年代以来的改革为对象》,《现代教育论丛》,2004 年第 6 期。

[51] 王静:《美国公立中小学教师工资制度历史发展研究》,福建

师范大学学位论文,2008 年。

[52] Vivian Troen Katherine C. Boles. How "Merit Pay" Squelches Teaching. Boston Globe,2005.

[53] 张园园:《英国义务教育教师绩效工资制度研究综述》,《湖北成人教育学院学报》, 2009 年第 6 期。

[54] 张影:《英国中学的教师绩效管理——以肯德里克中学为例》,《中小学教师培训》, 2014 年第 6 期。

[55] 朱宛霞:《绩效工资制路在何方——澳大利亚教师绩效工资改革反思》,《世界教育信息》, 2009 年第 5 期。

[56] 李茂:《美澳试水教师绩效工资制》,http://www. cupa. com. cn/Article_Show. asp? Article ID =20289, 2012 -8 -11.

[57] 马健生,吴佳妮:《标准 · 绩效 · 协同——21 世纪初澳大利亚教师政策的核心》,《教育科学》,2012 年第 6 期。

[58] 白华,耿会芬:《澳大利亚酝酿推行教师"业绩工资"》,《比较教育研究》, 2008 年第 4 期。

[59] 何艳:《绩效"才是硬道理——澳大利亚教师工资改革的启示》,《教育与职业》, 2009 年第 31 期。

[60] 崔世泉:《教师激励工资制度设计的探究——来自经济学理论的视角》,《教育导刊》, 2010 年第 10 期。

[61] 李沿知:《国外基础教育教师绩效工资改革中的主要争议》,《外国中小学教育》, 2010 年第 7 期。

[62] 孟卫青:《教师绩效工资制实施中的若干关键问题——基于国际比较的分析》,中国教育经济学学术年会 2010: 中国湖北武汉,2010 年。

[63] 张国强:《绩效工资在教师管理中的应用:理论、经验与启示》,《江苏科技大学学报(社会科学版)》, 2010 年第 4 期。

[64] 毕妍,齐海涵:《英国教师绩效工资制:缘起、特点及启示》,《现代教育管理》, 2012 年第 1 期。

[65] 楚明珠:《英国将实施新的教师绩效工资制》,《世界教育信息》, 2013 年第 12 期。

[66] 凤智:《英国:中小学教师绩效工资新政“回头看”》,《中小学教师培训》, 2014 年第 6 期。

[67] 梁丽萍,吴钢:《英国中小学教师工作绩效评价的演变及启示》,《教育测量与评价(理论版)》, 2014 年第 8 期。

[68] 赵宏斌,惠祥凤,傅乘波:《我国义务教育教师绩效工资实施的现状研究——基于对 25 个省 77 个县 279 所学校的调查》,《教育理论与实践》,2011 年第 28 期。

[69] 付卫东,范先佐:《学校教师绩效工资制度改革与义务教育均衡发展——基于我国 8 省 4 个县市的调查》,《当代教育科学》,2013 年第 10 期。

[70] 李鑫:《义务教育学校绩效工资执行的成效、问题与解决策略——以 A 县为例》,《教学与管理》,2013 年第 5 期。

[71] 袁锁军,王明宾:《江苏省小学教师绩效工资实施状况与问题》,《江苏教育学院学报(社会科学版)》,2013 年第 1 期。

[72] 宁本涛:《教师绩效工资实施的弱激励效应分析——以西部 Q 市 Y 区为例》,《教育发展》,2014 年第 4 期。

[73] 李海燕,李国:《公平视域中的义务教育教师绩效工资政策分析——基于广州的调研》,《当代教师教育》,2015 年第 2 期。

[74] 王雪婷,司成勇:《城市小学绩效工资制度实施成效的调查研究——以 T 市和 M 市为例》,《当代教育与文化》,2013 年第 4 期。

[75] 王凯:《浙江农村教师保障政策的实施绩效调查》,《基础教育》,2012 年第 2 期。

[76] 杨小丽,杜学元:《义务教育学校教师绩效工资激励效果的影响因素及归因分析——基于四川省的调查》,《基础教育》, 2014 年第 4 期。

[77] 方芳:《小学教师绩效考核现状调查研究——以长沙市天心区为例》,湖南师范大学毕业论文,2012 年。

[78] 施飞:《统一全省中小学教师工资促进教师交流轮岗——基于对我国部分地区中小学教师绩效工资实施情况的调查》,《教育财会研究》,2015 年第 2 期。

[79] 付卫东:《努力构建“以省为主”的义务教育学校教师绩效工资保障机制》,《教育与经济》,2013 年第 3 期。

[80] 辛治洋:《教师绩效工资制度实施的困境与出路》,《中国教育学刊》,2012 年第 9 期。

后　记

本书是在教育部人文社会科学研究一般项目“我国义务教育学校教师绩效工资政策实施的现状、问题与对策研究”(课题编号:10YJA880190)成果的基础上精炼而成的。

绩效工资制度在我国企业薪酬管理中不是什么新鲜概念,早已为大大小小的企业所采用,但在绩效工资改革前政府和事业单位未曾使用过。新中国经历多次教师工资制度改革,但与教师绩效相结合的工资改革还是首次。

这几年我国绩效工资政策在争议中前行,在争论中实施,在摸索中反思,是与非、对与错,都未有定论。义务教育学校教师绩效工资制度在我国还是一个新生事物,教师绩效工资制度的研究也还处在初级阶段,对绩效工资政策执行中存在的体制上的障碍、制度上存在的与教育本质的不协调,以及与地方教育实际柔性结合等问题还需要深入探讨。许多有兴趣的学者加入到教师绩效工资研究的行列中,对政策实施中存在的问题从不同的角度、在不同程度上进行了披露,在各自的研究范围内得出许多有益的结论。

本项目课题组对义务教育教师绩效工资政策及其实施情况产生了浓厚的兴趣,于2009年下半年对全国25个省77个县的279所农村学校进行了教师绩效工资开展情况的调查,搜集了大量的数据,并进行客观分析,发现绩效工资政策在实施中遇到了一些困难。为了进一步了解政策执行的效果,课题组以教育部人文社科课题为依托,继续开展追踪研究。

课题组在关注各位学者的研究成果、了解政策面上实施情况

的同时,立足上海开展田野调查,进行小范围的实证研究。在此过程中,课题组紧跟政策推进的步伐,深入城乡学校,与教师畅谈、与学生交流、与领导沟通,了解政策实施的现状;同时,经常查阅最新的研究文献,更新研究素材,修正研究结论。尽管如此,本课题也仅是对绩效工资制度实施中存在的部分问题做了粗浅的分析,研究范围的局限性使得结论不具有较强的推广性,只限于供地方义务教育绩效工资制度改进之参考。

课题组成员在研究过程中付出了辛苦和努力,也得到了来自多方面的帮助和支持,在课题已经结束、成果即将成书之际,要表达对他们诚挚的谢意。复旦大学颜建超同学,上海财经大学汪洋、郝佳颖、钱雅琪、张玮源、朱婷婷等在文献梳理和专题研究中付出了辛勤的劳动,郝佳颖还参与了课题调查和第 2 章及第 4 章前两节内容的撰写;上海财经大学庄唯博士在对数据进行科学的计量分析方面做了认真、细致的工作,在此一并感谢。同时,要感谢教育部人文社会科学研究项目基金为本项目研究的顺利开展提供了经费支持;感谢上海财经大学公共管理学科博士点建设项目的资助,让书稿付梓成行;感谢江苏大学出版社的鼎力支持,使图书得以顺利出版。

赵宏斌

2015 年 7 月于上海财经大学凤凰楼